Les cahiers d'**exercices** ASSiMiL®

Allemand

Débutants

W0265050

Bettina Schödel

À propos de ce cahier

Ce cahier, de niveau débutant, vous permettra d'aborder les bases de la grammaire allemande et de découvrir du vocabulaire et des tournures idiomatiques nécessaires à des échanges simples : demander le nom, l'âge de quelqu'un, mais aussi l'heure... et répondre. Vous saurez aussi compter, nommer les couleurs, les vêtements, etc.

En plus de 170 exercices répartis en 30 courts chapitres, vous apprendrez les bases de l'allemand. Selon l'apprenant et le point de grammaire abordé, chaque chapitre demande 20 à 40 minutes de travail. Après une présentation méthodique d'un point de grammaire ou de conjugaison, des exercices et mises en situation permettent de les assimiler de façon ludique ou déductive.

Enfin, ce cahier vous permet d'effectuer votre autoévaluation : après chaque exercice, dessinez l'expression de vos icônes (🙂 pour une majorité de bonnes réponses, 😐 pour environ la moitié et 🙁 pour moins de la moitié). À la fin de chaque chapitre, reportez le nombre d'icônes relatives à tous ces exercices et, en fin d'ouvrage, faites les comptes en reportant les icônes des fins de chapitres dans le tableau général prévu à cet effet !

Sommaire

Prononciation et particularités

La prononciation et l'alphabet

- La prononociation allemande est, contrairement au français, assez hachée et les mots sont très articulés, comme dans **in** *dans* où le **i** et le **n** se prononcent distinctement.
- L'alphabet, quant à lui, comporte une lettre de plus, par rapport à l'alphabet français : le **ß** (**èss tssèt**). Ce caractère se prononce comme **deux s** et la voyelle qui le précède est longue.
  Exemple : groß *grand* → se prononce **grooss**.

La graphie

- En allemand, tous les noms, aussi bien propres que communs, prennent une majuscule : Mein Name ist ... *Mon nom est ...*
- Il s'agit d'un point très important de la langue à ne pas négliger. En effet, mettre une minuscule à la place d'une majuscule est... une faute d'orthographe !

Les voyelles et diphtongues

- Les **a**, **o** et **u** peuvent prendre un **Umlaut** (un tréma), et se prononcent alors comme suit :

a → **a** ä → **è**
o → **o** ö → **euh**
u → **ou** ü → **u**

- Notez aussi les diphtongues suivantes :

ai / ei → **aïe**
au → **aô**
äu / eu → **oï**
-e final → **œ**
ie → **i long**

1 **Voici des mots transcrits phonétiquement. Déduisez-en leur orthographe. Attention, car pour certains, il n'y a aucun changement à apporter !**

a. scheuhn *beau* Schön
b. gout *bien* gut
c. spèt *tard* spät
d. fruh *tôt* früh
e. bald *bientôt* bald
f. schon *déjà* schon
g. maïn *mon* mein
h. fraô *femme* Frau
i. noï *nouveau* neu
j. dankœ *merci* danke

Les consonnes et les groupes de consonnes

lettre	prononciation	place dans le mot
ch	chuinté comme pour sourire.	Lorsqu'il est précédé de **e, i, ä, ö ou ü.** → exemple : ich *je*
	rh, raclé du fond de la gorge.	Lorsqu'il est précédé de **a, o ou u.** → exemple : Achtung! *Attention !*
h	une légère expiration, comme dans Hello!	En début de mot → exemple : Hallo! *Salut !*
j	comme le **y** de **yoyo**.	→ exemple : ja *oui*
s	comme le **s** de **rose**.	Devant une voyelle → exemple : also *alors*
	comme **ss**.	En fin de mot. → exemple : Bus *bus*
	comme **ch** de **chou**.	Dans le groupe de consonnes **sch** → exemple : schön *beau*
v	comme le **f** de **faux.**	→ exemple : viel *beaucoup*
w	comme le **v** de **vie.**	→ exemple : was *que/quoi*
z/tz	comme le **tss** de **tsar.**	→ exemple : zu *fermé*

2 Premières phrases en allemand : indiquez la prononciation des lettres en bleu.

a. Guten Tag. Mein Name ist Sarah.
Bonjour. Mon nom est Sarah.

u → ..ou...... ein → ..aïe........ s → ..tn..........

b. Ich bin 23 Jahre alt.
J'ai 23 ans (litt., Je suis 23 ans âgée).

ch → ..ch..... in → ..i-n...... J → ..y..........

c. Ich bin Deutsche und wohne in Berlin.
Je suis allemande et j'habite à Berlin.

eu → .... sch → .... w → ..V...........
in → ..i-n.........

d. Ich muss los. Auf Wiedersehen!
Il faut que j'y aille (tournure idiomatique). Au revoir !

u → ..ou..............
s → ..11..............
auf → ..aö............
w → ..15..............
s → ..Rose............

1

Présent de l'indicatif

Emploi et conjugaison

Comme en français, le présent exprime une vérité générale, un événement, une habitude.

- **La terminaison infinitive** de tous les verbes, à l'exception de **sein,** est **-en**.
- **Les pronoms personnels allemands** présentent plusieurs différences avec le français (voir chapitre 2, p. 8). Pour l'instant, notez juste que **ich** = *je*, **du** = *tu*, **er** = *il*, **sie** = *elle*, **wir** = *nous*, **ihr** = *vous* (pour tutoyer plusieurs personnes), **sie** = *ils/elles*.

Le présent se conjugue donc ainsi :

	kommen	**geben**	**fahren**
ich	komme	gebe	fahre
du	kommst	gibst	fährst
er/sie(/es)	kommt	gibt	fährt
wir	kommen	geben	fahren
ihr	kommt	gebt	fahrt
sie(/Sie)	kommen	geben	fahren

- **Verbes réguliers :** radical de l'infinitif + terminaisons → **kommen** (*venir*).
- **Verbes irréguliers :** certains verbes (pas tous !) ayant un radical infinitif en **a** ou **e** subissent une alternance vocalique aux 2e et 3e personnes du singulier, les autres personnes se conjuguent comme des verbes réguliers :
  - le **a** devient **ä,** comme pour **fahren** (*aller en voiture, conduire, rouler*),
  - le **e** devient **i** ou **ie** → **geben** (*donner*).

1 **Complétez par les terminaisons adéquates.**

2 Complétez le tableau en conjuguant les verbes au présent de l'indicatif.

	ich	du	er/sie/(es)	wir	ihr	sie/(Sie)
wohnen *habiter*	wohne		wohnt			
sprechen *parler*		sprichst			sprecht	
machen *faire*			macht			machen
sehen *voir*			sieht	sehen		
sagen *dire*		sagst			sagt	
gehen *aller*	gehe				geht	

Quelques particularités phonétiques

- **Les verbes réguliers** dont le radical de l'infinitif se termine entre autres par **-d** ou **-t** prennent un **e** euphonique aux 2e et 3e personnes du singulier et à la 2e personne du pluriel.
  Exemple : **baden** *(se) baigner* → ich bade, du badest, er/sie badet, wir baden,ihr badet, sie baden.

- **Les verbes réguliers et irréguliers** dont le radical de l'infinitif se termine entre autres par **-s**, **-z** ou **-ß** prennent juste un **t** à la 2e personne du singulier.
  Exemple : **blasen** (*souffler*) → ich blase, du bläst, er/sie bläst, wir blasen, ihr blast, sie blasen.

3 Complétez le tableau au présent de l'indicatif.

	ich	du	er/sie/(es)	wir	ihr	sie/(Sie)
arbeiten *travailler*	arbeite					arbeiten
heißen *s'appeler**				heißen	heißt	
lesen *lire*			liest			lesen

* *Attention,* **heißen** *n'est pas un verbe pronominal, comme c'est le cas en français.*

Sein et haben

	sein	haben
ich	bin	habe
du	bist	hast
er/sie/(es)	ist	hat
wir	sind	haben
ihr	seid	habt
sie/(Sie)	sind	haben

Être et avoir ont une conjugaison irrégulière.

4 Complétez par le verbe SEIN *être* ou HABEN *avoir*, conjugué au présent.

a. Wer ...bist... du ? – Ich ...bin... Paula.
Qui es-tu ? – Je suis Paula.

b. Wo ...seid... ihr? – Wir ...sind... hier.
Où êtes-vous ? – Nous sommes ici.

c. Du ...hast... Glück, ich ...habe... Pech.
Tu as de la chance, j'ai la poisse.

d. ...Habt... ihr alles? – Ja, wir ...haben... alles.
Avez-vous tout ? – Oui, nous avons tout.

5 Traduisez les phrases suivantes.

a. Quel âge avez-vous ? (vouvoiement)
→ Wie alt sind Sie?

b. J'ai 19 ans.
→ Ich bin 19 Jahre alt

c. Quel âge a-t-elle ?
→ Wie alt ist Sie.

d. Elle a 19 ans.
→ Sie ist 19 Jahre alt.

Dire son âge

• *Quel âge as-tu ?* se dit **Wie alt bist du?** (Littéralement : *Comment vieux/âgé es-tu ?*).
• On répond par **Ich bin** + chiffre/nombre. **Ich bin 19 (neunzehn).** *J'ai 19 ans.* (Littéralement : *Je suis 19.*)

Bravo, vous êtes venu à bout du chapitre 1 ! Il est maintenant temps de comptabiliser les icônes et de reporter le résultat en page 128 pour l'évaluation finale.

2

Pronoms personnels

Emploi

ich	du	er/sie/es	wir	ihr	sie/Sie

Observez bien les similitudes et les différences entre les pronoms personnels allemands et français :

- **Ich**, **du** et **wir** correspondent à *je*, *tu* et *nous*.
- **3e personne du singulier :** en plus de **er** *(il)* et **sie** *(elle)*, il existe le pronom **es** qui correspond au **neutre** et se traduit selon le cas par *il* ou *elle*.
- **2e personne du pluriel : ihr** se traduit par *vous*, mais attention ! il s'emploie pour tutoyer plusieurs personnes.
- **Forme de politesse : Sie** avec une **majuscule** *(vous)* s'emploie pour vouvoyer une ou plusieurs personne(s) et le verbe se conjugue, comme à la 3e personne du pluriel.
- **3e personne du pluriel : sie** avec une **minuscule** correspond aussi bien à *ils* qu'à *elles*. Au pluriel, il n'y a pas de distinction de genres. Vous remarquerez que le pronom est le même que pour le féminin singulier, seule la conjugaison change.

1 Complétez par le pronom personnel adéquat.

a. Ja, ... kommt. *Oui, elle vient.*

b. Ja, ... kommt. *Oui, il vient.*

c. .... kommen nicht. *Elles ne viennent pas.*

d. Kommen .... ? *Vous venez ?*

e. Kommen .... auch? *Ils viennent aussi ?*

f. Kommt .... ? *Vous venez ?*

2 Complétez par les pronoms personnels adéquats. Attention, certains verbes conjugués correspondent à plusieurs personnes : indiquez-les toutes.

a. fahren →
.... fährt
.... fahre
.... fährst

b. sprechen →
.... sprechen
.... spricht
.... sprichst

c. sein →
.... bin
.... bist
.... seid

d. haben →
.... hat
.... habt
.... haben

3 Révisez tous les verbes que vous avez appris jusqu'ici, puis complétez les mots croisés par la version française des verbes suivants.

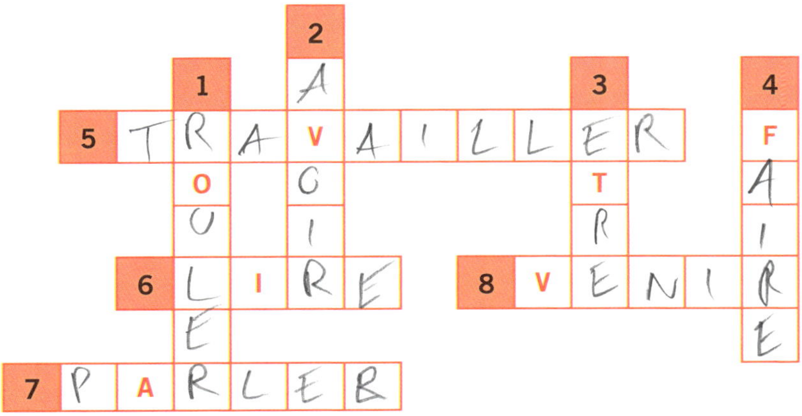

Verticale :
1. fahren
2. haben
3. sein
4. machen

Horizontale :
5. arbeiten
6. lesen
7. sprechen
8. kommen

Sie ou du/ihr

- Les règles d'usage entre le tutoiement et le vouvoiement sont à peu près les mêmes en allemand et en français. Comme en français, les formules de salutation diffèrent selon si vous vouvoyez ou tutoyez votre interlocuteur.
- **Guten Tag!** *Bonjour !* et **Auf Wiedersehen!** *Au revoir !* vont avec **Sie**. **Hallo!** *Salut !* et **Tschüss!** *Salut !* s'emploient avec **du/ihr**.
- **Guten Morgen!** se dit le matin, il correspond au *Good morning!* anglais et **Gute Nacht!** *Bonne nuit !* valent aussi bien pour le tutoiement que pour le vouvoiement.

4 **Voici deux dialogues qui alternent le vouvoiement et le tutoiement. Complétez-les à l'aide des verbes suivants correctement conjugués.**

kommen gehen wohnen heißen

Le tutoiement

a. Hallo, ich .... Paul!
Und wie .... du?
Salut, je m'appelle Paul ! Et [toi], comment t'appelles-tu ?

b. Woher .... du?
– Ich .... aus Lyon.
D'où viens-tu ? – Je viens de Lyon.

c. Wo .... du?
– Ich .... in Berlin.
Où habites-tu ? – J'habite à Berlin.

d. Wohin .... du?
– Nach Hause. Tschüss!
Où vas-tu ? – À la maison. Salut !

Le vouvoiement

e. Guten Tag, wie .... Sie.
– Paul Schmidt. Und Sie?
Bonjour, comment vous appelez-vous ?
– Paul Schmidt. Et vous ?

f. Woher .... Sie?
– Ich .... aus Marseille.
D'où venez-vous ? – Je viens de Marseille.

g. Wo .... Sie?
– Ich .... in Berlin.
Où habitez-vous ? – J'habite à Berlin.

h. Wohin .... Sie?
– Nach Hause. Auf Wiedersehen.
Où allez-vous ? – À la maison. Au revoir.

Man *on*

Il s'agit d'une formule impersonnelle. Elle correspond au *on* français et introduit un verbe conjugué à la 3e personne du singulier
→ **man macht** *on fait.*

5 Traduisez les phrases suivantes en utilisant les verbes ci-dessous conjugués.

a. On dit.
→ man segt (a) ✓

b. On a.
→ man hat ✓

c. On voit.
→ man sieht

d. On donne.
→ man gibt

e. On lit.
→ man liest ✓

f. On va.
→ man geht ✓

Bravo, vous êtes venu à bout du chapitre 2 ! Il est maintenant temps de comptabiliser les icônes et de reporter le résultat en page 128 pour l'évaluation finale.

3

Où ? D'où ? – Noms géographiques

Demander où l'on est, où l'on va et d'où l'on vient

Il est important de bien faire la distinction entre le lieu où l'on est et le lieu où l'on va.
Contrairement au français, les pronoms interrogatifs et les prépositions sont différents dans ces deux cas.

- **Wo** traduit un **« où » locatif** et pose la question du lieu où l'on se trouve.

→ **Wo bist du?** *Où es-tu ?*

- **Wohin** traduit un « **où** » **directionnel** et marque la question sur le lieu où l'on va.

→ **Wohin fährst du?** *Où vas-tu ?*

- **Woher** équivaut à **d'où** et marque la question sur le lieu d'où l'on vient.

→ **Woher kommst du?** *D'où viens-tu ?*

1 Traduisez en utilisant le pronom interrogatif adapté : WO, WOHIN ou WOHER.

a. Où vont-ils ? *(« aller » dans le sens de « aller en voiture »)*

→ Wohin gehen sie ? (fahren)

b. Où habitez-vous ? *(vouvoiement)*

→ Wo wohnen Sie ?

c. D'où venez-vous ? *(tutoiement pluriel)*

→ Woher kommt ihr ?

d. Où travailles-tu ?

→ Wo arbeitest du ?

e. D'où vient-elle ?

→ Woher kommt sie ?

Répondre aux questions de lieu

La règle avec **in/nach/aus** concerne les lieux géographiques (pays, villes, etc.). Attention, la grande majorité des noms de pays ne prennent pas d'article ! Voir les exceptions p. 14.

- **In** (*à/en*) est la préposition en réponse à la question **wo?** et indique le lieu où l'on se trouve.
  → Ich bin **in Berlin.** *Je suis à Berlin.*
- **Nach** (*à/en*) est la préposition en réponse à la question **wohin?** et indique le lieu où l'on va.
  → Ich fahre **nach Berlin.** *Je vais à Berlin.*
- **Aus** (*de*) est la préposition en réponse à la question **woher?** et indique le lieu d'où l'on vient.
  → Ich komme **aus Berlin.** *Je viens de Berlin.*

2 **Complétez par les prépositions adéquates.**

a. Ich bin .... Berlin.

b. Ich fliege morgen .... Paris. *(aller en avion/voler)*

c. Wann fliegen Sie .... New York?

d. Sabine wohnt .... Paris.

e. Wir arbeiten ....Berlin.

f. Fährst du .... Paris?

g. Uta kommt .... New York.

Exceptions

- Certains noms de pays sont précédés d'un article et, dans ce cas, la règle concernant les prépositions change.
- Parmi les pays qui prennent un article, notez **die Schweiz** *la Suisse*, **die Türkei** *la Turquie* et **die USA** *les États-Unis*. Vous observerez aussi que les articles changent. Nous aborderons ces déclinaisons par la suite.

Wo bist du? – Ich bin **in der Schweiz/in der Türkei/in den USA**. *Où es-tu ? Je suis en Suisse/en Turquie/aux États-Unis.*

Wohin fährst du? – Ich fahre **in die Schweiz/in die Türkei/in die USA**. *Où vas-tu ? Je vais en Suisse/en Turquie/aux États-Unis.*

Woher kommst du? – Ich komme **aus der Schweiz/aus der Türkei/aus den USA.** *D'où viens-tu ? Je viens de Suisse/de Turquie/des États-Unis.*

3 **Traduisez les phrases suivantes.**

a. Elle travaille en Suisse.
→ Sie arbeitet in der Schweiz ✓

b. Il habite aux États-Unis.
→ Er wohnt in den USA ✓

c. Nous venons de Turquie.
→ Wir kommen aus der Türkei ✓

d. Il va en Suisse (aller en voiture).
→ Er fährt in die Schweiz

Villes et pays

Les noms de villes et de pays ont souvent la même racine en allemand qu'en français. Sachez que « *la ville* » se dit en allemand **die Stadt**, et « *le pays* » **das Land**. Vous remarquerez que plusieurs noms de pays se terminent par le suffixe **-land.** Quant à **Frankreich** *la France*, son suffixe **-reich** signifie « *empire* », **das Reich**.

4 Les noms cités ci-dessous sont très proches du français. Reliez chaque capitale à son pays et à la langue qui y est parlée. Une langue peut avoir plusieurs combinaisons et méfiez-vous des intrus !

Berlin	Spanien	Italienisch
London	Frankreich	Japanisch
Paris	China	Griechisch
Athen	Irland	Russisch
Madrid	England	Chinesisch
Peking	Deutschland	Französisch
Tokyo	Brasilien	Deutsch
Moskau	Japan	Baskisch
Rom	Russland	Arabisch
Lissabon	Österreich	Holländisch
Rio de Janeiro	Griechenland	Dänisch
Wien	Italien	Portugiesisch
Bonn	Portugal	Englisch
Dublin	Schweden	Spanisch

Le saviez-vous ?

Regensburg se traduit en français par Ratisbonne et **Aachen** par Aix-la-Chapelle !

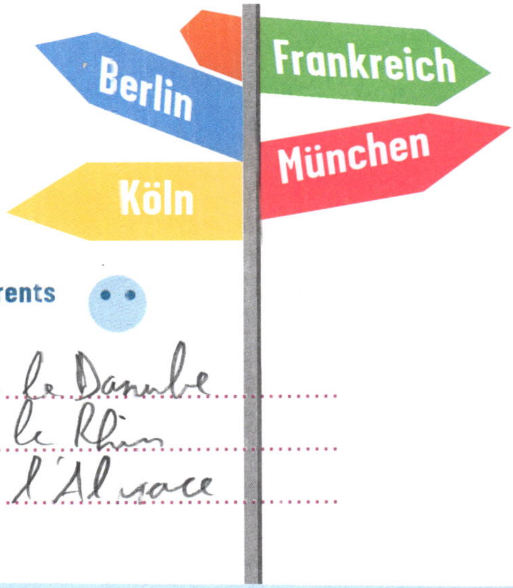

5 Dans cette liste, les noms allemands de ces lieux sont différents des noms français. Connaissez-vous leur traduction ?

a. München → Munich
b. Bayern → Bavière
c. Lothringen → Lorraine
d. die Donau → le Danube
e. der Rhein → le Rhin
f. das Elsass → l'Alsace

Bravo, vous êtes venu à bout du chapitre 3 ! Il est maintenant temps de comptabiliser les icônes et de reporter le résultat en page 128 pour l'évaluation finale.

4

Impératif

Emploi et conjugaison

L'usage de l'impératif est le même qu'en français : il sert à donner des ordres. Il se conjugue à la 2e personne du singulier et du pluriel et à la forme de politesse **Sie**. Notez que cette dernière se forme avec le pronom personnel placé derrière le verbe. L'impératif se conjugue aussi à la 1re personne du pluriel, mais celle-ci est moins fréquente et ne sera pas abordée dans ce chapitre.

	gehen	**geben**	**fahren**	**arbeiten**	**sein**
du	Geh(e)!	Gib!	Fahr(e)!	Arbeite	Sei…!
ihr	Geht!	Gebt!	Fahrt!	Arbeitet!	Seid…!
Sie	Gehen Sie!	Geben Sie!	Fahren Sie!	Arbeiten Sie!	Seien Sie…!

- La majorité des verbes forment leur impératif comme suit : **radical de l'infinitif + terminaisons de l'impératif**. Souvenez-vous que -en et, exceptionnellement, -n, équivalent à la terminaison infinitive. Concernant le -e à la 2e personne du singulier, il est notamment obligatoire pour les verbes se terminant par **-d** ou **-t** comme **arbeiten**, mais il est facultatif pour les verbes sans alternance vocalique comme **gehen** ou **fahren**. Cependant, de nos jours, on emploie plutôt la forme sans -e → Geh! Fahr!
- Les verbes qui présentent l'alternance vocalique **e** → **i** ou **ie** au présent de l'indicatif gardent cette même alternance vocalique à la 2e personne du singulier de l'impératif → **geben**.
  Par contre, ceux qui présentent l'alternance vocalique **a** → **ä** au présent de l'indicatif perdent l'inflexion à l'impératif → **fahren**.
- Notez que **sein** prend un **d** et non un **t** à la 2e personne du pluriel.

1 Conjuguez ces verbes à toutes les personnes de l'impératif.

a. kommen : Komm! Kommt! Kommen Sie!

b. sprechen : Sprich! Sprecht! Sprechen Sie!

2 Complétez le tableau.

2e personne du singulier	2e personne du pluriel	Forme de politesse
Pass auf! ✓	Passt auf! ✓	Passen Sie auf! *Faites attention !*
Geh weg! ✓	Geht weg! *Partez !*	Gehen Sie weg! ✓
Bleib nicht da! *Ne reste pas là !*	Bleibt nicht da! ✓	Bleiben Sie nicht da! ✓
Mach das! ✓	Macht das! *Faites-le !*	Machen Sie das! ✓

3 Complétez les phrases suivantes en conjuguant SEIN.

a. Seid ✓ pünktlich! *Soyez ponctuels ! (tutoiement)*

b. ~~Bist~~ Sei nicht traurig! *Ne sois pas triste !*

c. Seien Sie leise! *Soyez silencieux ! (vouvoiement)*

d. ~~Bist~~ Sei ehrlich! *Sois sincère !*

Demander ou indiquer le chemin

- Pour demander son chemin, une des phrases courantes est : **Entschuldigung! Wie komme ich zum Bahnhof/zur Post/ zum Krankenhaus/zum Schwimmbad/ zum Marktplatz/zum Kino?** *Pardon ! Pour aller à la gare/à la poste/à l'hôpital/à la piscine/au marché/au cinéma ? (Littéralement : Comment arrivai-je à... ?)*
Pour l'instant, ne prêtez pas attention à la différence entre **zum** et **zur**.

- Pour répondre, voici les différentes possibilités : vous remarquerez l'emploi de l'impératif :
Nehmen Sie die erste Straße links... dann die zweite rechts. *Prenez la première rue à gauche... puis la deuxième à droite.*
Geh (immer) geradeaus bis zum Kino. *Va (toujours) tout droit jusqu'au cinéma.*

4 Traduisez les indications suivantes.

a. Allez (vouvoiement) tout droit jusqu'au marché et prenez la deuxième rue à gauche.
→ Gehen Sie geradeaus bis zum Markt, und Nehmen Sie die zweite Straße links

b. Prends la deuxième rue à droite et continue toujours tout droit jusqu'au cinéma.
→ ~~Nehm~~ die zweite Straße rechts und geradeaus bis zum Kino
Nimm

c. Prenez (vouvoiement) la première rue à droite, puis la deuxième à gauche, puis la première à droite.
→ Nehmen Sie die erste Straße recht, dann die zweite links, dann die erste rechts

5 DORT IST... *Là-bas se trouve (est)...* Mémorisez les différents lieux d'une ville (liste ci-dessus) et replacez chaque mot sous le dessin correspondant. Les articles seront abordés p. 20.

a. das Krankenhaus

b. die Post

c. der Bahnhof

d. das Schwimmbad

e. der Marktplatz

f. das Kino

6 Traduisez les verbes à l'impératif dans cette grille de mots croisés.

	1	2	3	4	5	6	7	8
A							F	
B							A	
C							H	
D					L	E	R	N
E					E			
F					S			
G		S	A	G	T			
H			R					
I			B	L	E	I	B	T
J			E					
K		L	I	E	S			
L			T					
M		G	E	H				

Verticale :
3G Travaille !
5D Lisez !
7A Roule !

Horizontale :
5D Apprends !
2G Dites ! (tutoiement pluriel)
3I Restez ! (tutoiement pluriel)
2K Lis !
2M Va !

Bravo, vous êtes venu à bout du chapitre 4 ! Il est maintenant temps de comptabiliser les icônes et de reporter le résultat en page 128 pour l'évaluation finale.

5

Nominatif

Les cas allemands

L'allemand est une langue à déclinaisons, c'est-à-dire que le nom, l'adjectif, le pronom ou le déterminant peuvent varier morphologiquement en fonction du cas. La déclinaison allemande comporte 4 cas : le nominatif, l'accusatif (voir p. 36), le datif (voir p. 48) et le génitif (voir p. 84). Le cas à utiliser est défini selon la fonction du groupe nominal/pronom au sein de la phrase ou de la préposition qui le précède.

Emploi et déclinaison

	Article défini le/la/les	Article indéfini un/une/des	Sans article
Masculin	der junge Mann	ein junger Mann	junger Mann
Féminin	die junge Frau	eine junge Frau	junge Frau
Neutre	das junge Mädchen	ein junges Mädchen	junges Mädchen
Pluriel	die jungen Männer/ Frauen/Mädchen	junge Männer/Frauen/ Mädchen	junge Männer/Frauen/ Mädchen

- Le **nominatif** exprime le **sujet et l'attribut du sujet**.
- Masculin singulier : **Der junge Mann** kommt aus Berlin. *Le jeune homme vient de Berlin.*
- Féminin singulier : **Die junge Frau** heißt Sabine Müller. *La jeune femme s'appelle Sabine Müller.*
- Neutre singulier : **Das junge Mädchen** ist hübsch. *La jeune fille est jolie.*
- Pluriel : Il est le même pour les 3 genres → **die** *les*. **Die Mädchen sprechen gut Deutsch.** *Les filles parlent bien allemand.* Pour l'article indéfini, il n'existe pas de pluriel → Es sind **junge Frauen**. *Ce sont des jeunes femmes.*
- En plus des différents articles, notez bien les différentes terminaisons des adjectifs, qui varient selon le genre du substantif et de l'article.

1 Les moyens de locomotion : complétez par l'article défini ou indéfini. Le genre des noms est indiqué entre parenthèses : M = masculin, N = neutre et F = féminin.

a. .... Zug **(M)** *le train*

b. .... Flugzeug **(N)** *un avion*

c. .... Bahnhof **(M)** *la gare*

d. .... Flughafen **(M)** *l'aéroport*

e. .... U-Bahn **(F)** *le métro*

f. .... Auto **(N)** *une auto*

g. .... Fahrrad **(N)** *un vélo*

h. .... Wagen **(M)** *la voiture*

i. .... Motorrad **(N)** *la moto*

j. .... Schiff **(N)** *le bateau*

2 Complétez par les désinences si nécessaire. Le genre est indiqué entre parenthèses (M = masculin, F = féminin, N = neutre, P = pluriel).

a. D...... nächst...... Zug **(M)** fährt um 10 Uhr.
Le prochain train part à 10 heures.

b. Da kommt ein...... Taxi **(N)**.
Voici un taxi. (Littéralement : Là vient un taxi)

c. Wie viel kostet ein...... Fahrkarte **(F)** nach Bonn?
Combien coûte un billet pour Bonn ? (Littéralement : à/vers Bonn)

d. Wo ist d...... nächst...... Bushaltestelle **(F)**?
Où est l'arrêt de bus le plus proche ? (Littéralement : Où est le prochain arrêt de bus ?)

e. Das sind billig...... Plätze **(P)**.
Ce sont des places bon marché/pas chères.

3 Complétez par les désinences adéquates.

a. singulier : d...... alt...... Flugzeug
→ **ein altes Flugzeug** *un vieil avion*

b. pluriel : d...... alt...... Flugzeuge
→ alt...... Flugzeuge

c. singulier : d...... alt...... Bahnhof
→ **ein alter Bahnhof** *une vieille gare*

d. pluriel : d...... alt...... Bahnhöfe
→ alt...... Bahnhöfe

e. singulier : die neue U-Bahn
→ ein...... neu...... U-Bahn *le nouveau métro*

f. pluriel : d...... neu...... U-Bahnen
→ neu...... U-Bahnen

g. singulier : der große Flughafen
→ ein...... groß...... Flughafen *le grand aéroport*

h. pluriel : d...... groß...... Flughäfen
→ groß...... Flughäfen

Les pronoms interrogatifs

Les pronoms interrogatifs *qui* et *que/quoi* correspondent à **wer** et **was** au nominatif : Wer ist da? *Qui est là ?* et Was ist das? *Qu'est-ce que c'est ?*

4 Complétez par WER ou WAS.

a. Was ist das? → Das ist der neue Flughafen.

b. Wer ist das? → Das ist der Briefträger. *(facteur)*

c. Wer ist das? → Das ist Paul Maier.

d. Was ist das? → Das ist ein Buch. *(livre)*

L'adjectif démonstratif (ce/cet/cette/ces)

Masculin	dieser junge Mann
Féminin	diese junge Frau
Neutre	dieses junge Mädchen
Pluriel	diese jungen Männer/Frauen/ Mädchen

L'adjectif démonstratif suit la même déclinaison que **der, die, das** (voir tableau p. 20).

5 Remplacez les articles définis ou indéfinis par l'adjectif démonstratif et modifiez si nécessaire la marque de l'adjectif :

Exemple : der junge Mann → dieser junge Mann/ein junger Mann → dieser junge Mann.

a. die junge Frau → diese junge Frau

b. ein kleines Mädchen → dieses kleine Mädchen

c. die kleinen Kinder → diese kleinen Kinder

Accord de l'adjectif

En allemand, contrairement au français, l'adjectif attribut est invariable.
Seul l'adjectif épithète s'accorde.

- **Adjectif attribut :**
  Der Tisch ist groß.
  La table est grande.
  Die Tische sind groß.
  Les tables sont grandes.
- **Adjectif épithète :**
  Der große Tisch ist…
  La grande table est…
  Die großen Tische sind…
  Les grandes tables sont…

6 Transformez l'adjectif attribut en adjectif épithète selon les exemples ci-contre.

a. Das Flugzeug ist alt. → Das alte Flugzeug ist
b. Der Zug ist neu. → Der neue Zug ist...
c. Die Kinder sind klein → Die kleinen Kinder sind...
d. Die Frau ist hübsch. (*jolie*) → Die hübsche Frau ist...

7 DAS IST/DAS SIND… C'EST/CE SONT… Ajoutez les terminaisons aux articles et adjectifs épithètes. Le genre est indiqué entre parenthèses, M = masculin, F = féminin, N = neutre, P = pluriel.

a. Das ist ein .... gut er .... Tipp **(M)**! *C'est un bon conseil/tuyau !*

b. Das ist ein e .... toll e .... Idee **(F)**. *C'est une très bonne/super idée.*

c. Das ist d as .... letzt e .... Mal **(N)**. *C'est la dernière fois.*

d. Das sind alt e .... Geschichten **(P)** *Ce sont des histoires anciennes.*
(Littéralement : de vieilles histoires)

Bravo, vous êtes venu à bout du chapitre 5 ! Il est maintenant temps de comptabiliser les icônes et de reporter le résultat en page 128 pour l'évaluation finale.

6

Nombres cardinaux

Chiffres et nombres

0 **null**	10 **zehn**	20 **zwanzig**	30 **dreißig**	100 **hundert**
1 **eins**	11 **elf**	21 **einundzwanzig**	40 **vierzig**	200 **zweihundert**
2 **zwei**	12 **zwölf**	22 **zweiundzwanzig**	45 **fünfundvierzig**	1 000 **tausend**
3 **drei**	13 **dreizehn**	23 **dreiundzwanzig**	50 **fünfzig**	10 000 **zehntausend**
4 **vier**	14 **vierzehn**	24 **vierundzwanzig**	60 **sechzig**	100 000 **hunderttausend**
5 **fünf**	15 **fünfzehn**	25 **fünfundzwanzig**	70 **siebzig**	1 000 000 **eine Million**
6 **sechs**	16 **sechzehn**	26 **sechsundzwanzig**	78 **achtundsiebzig**	
7 **sieben**	17 **siebzehn**	27 **siebenundzwanzig**	80 **achtzig**	
8 **acht**	18 **achtzehn**	28 **achtundzwanzig**	90 **neunzig**	
9 **neun**	19 **neunzehn**	29 **neunundzwanzig**	99 **neunundneunzig**	

- Les nombres s'écrivent attachés jusqu'à **999 999**, selon la règle ci-dessous. Attention à l'ordre unité/dizaine : il est inversé par rapport au français.
- **De 0 à 12**. Les chiffres sont à mémoriser, car ils représentent la base pour les autres nombres.
- **De 13 à 19.** On indique d'abord l'unité puis la dizaine. Notez les irrégularités suivantes pour 16 et 17 : 6 = sechs, 26 = sechsundzwanzig… mais 16 = sechzehn sans s / 7 = sieben, 27 = siebenundzwanzig… mais 17 = siebzehn sans en.
- **De 21 à 99.** Même principe que de 13 à 19, sauf que l'on intercale **und** → 28 = achtundzwanzig.
- **Centaines et milliers.** L'ordre est le même qu'en français. On indique les milliers puis les centaines → 4 500 viertausendfünfhundert ; 4 563 viertausendfünfhundertdreiundsechzig.

1 **Wie viel kostet es?** signifie ***Combien ça coûte ?*** **Écrivez ces prix en toutes lettres. Es kostet... *Ça coûte...***

a. 25 € : fünfundzwanzig

b. 560 € : fünfhundertsechzig

c. 78 € : achtundsiebzig

d. 6 396 € : sechstausenddreihundertsechsund neunzig

2 **Écrivez ces nombres en chiffres.**

a. siebenhundertzweiunddreißig : 732

b. dreitausendfünf : 3005

c. viertausendachthundertzweiundachtzig : 4882

d. eine Million achthunderttausendsechshundertzwölf : 1800612

Symboles mathématiques

+ plus
– minus
x mal
/ durch
= gleich

3 **Écrivez ces calculs en toutes lettres.**

a. 72 / 6 = zweiundsiebzig durch sechs gleich zwölf

b. 2 367 – 500 = zweitausenddreihundertsiebenundsechzig minus fünfhundert gleich

c. 1 243 + 305 = eintausendzweihundert plus dreihundertfünf

d. 7 x 9 = sieben mal neun gleich dreiundsechzig

L'heure

08:00	**acht Uhr**
08:10	**zehn nach acht**
08:15	**Viertel nach acht**
08:30	**halb neun**
08:45	**Viertel vor neun**
08:50	**zehn vor neun**

- **Pour demander l'heure :** *Quelle heure est-il ?* se dit **Wie spät ist es?** *(Littéralement : comment tard est-il ?)* ou **Wie viel Uhr ist es?** *(Littéralement : combien heure est-il ?).*

  Pour répondre : Il est … heures se dit **Es ist ... (Uhr). Notez** que l'on utilise Uhr uniquement pour les heures entières.

- Comme en français, on utilise généralement les chiffres/nombres de 1 à 12 pour les heures, mais on indique **d'abord les minutes, puis l'heure**.

- **Jusqu'à la demie,** on emploie **nach** *après* en comptant par rapport à l'heure entamée.
  Au-delà de la demie, on emploie **vor** *avant* en comptant par rapport à l'heure à venir.
  Viertel nach et **Viertel vor** équivalent à *et quart* et *moins le quart*.
  Halb correspond *à demie,* mais ATTENTION, vous devez compter par rapport à l'heure à venir et non entamée.

- Pour indiquer les horaires officiels (trains, bus, etc.), la règle est la même qu'en français. On emploie les chiffres/nombres de 0 à 24, en donnant d'abord l'heure puis les minutes : **acht Uhr zehn** *huit heures dix*, **acht Uhr fünfundvierzig** *huit heures quarante-cinq*.

  Mittag *midi* et **Mitternacht** *minuit* s'emploient pour les heures entières.

4 Indiquez l'heure sur les réveils suivants.

a. 06:30 Es ist halb sieben. (*matin*)

b. 09:40 Es ist zwanzig vor zehn. (*matin*)

c. 20:15 Es ist Viertel nach acht. (*soir*)

d. 00:00 Es ist Mitternacht.

5 **Écrivez les heures en toutes lettres et des deux manières différentes.**
Exemples : 16 h 20 → zwanzig nach vier → sechzehn Uhr zwanzig.

a. 7 h 20 → zwanzig nach sieben
→ sieben Uhr zwanzig

b. 19 h 10 → zehn nach sieben
→ neunzehn Uhr zehn

c. 9 h 15 → Viertel nach neun
→ neun Uhr fünfzehn

d. 22 h 15 → Viertel nach zehn
→ zweiundzwanzig Uhr fünfzehn

e. 5 h 30 → halb sechs
→ fünf Uhr dreißig

Bravo, vous êtes venu à bout du chapitre 6 ! Il est maintenant temps de comptabiliser les icônes et de reporter le résultat en page 128 pour l'évaluation finale.

7

Nombres ordinaux

Formation

Les nombres ordinaux se forment comme suit :

- **De 1 à 19. Chiffre/nombre + -t + marque de l'adjectif épithète.**
  Exemples : zwei 2 → der/die/das zweite *le/la 2e* ; siebzehn 17 → der/die/das siebzehnte *le/la 17e*.
- **Attention aux irrégularités :** eins 1 → der/die/das erste *le/la 1er/re* ; drei 3 → der/die/das dritte *le/la 3e* ; sieben 7 → der/die/das siebte *le/la 7e* ; acht 8 → der/die/das achte *le/la 8e*.
- **À partir de 20. Nombre + -st + marque de l'adjectif épithète.**
  Exemples : zwanzig 20 → der/die/das zwanzigste *le/la 20e* ; vierzig 40 → der/die/das vierzigste *le/la 40e*.

1 Traduisez en écrivant en toutes lettres.
Exemple : le 12e → der zwölfte.

a. Le 4e → der vierte

b. Le 13e → der/die/das dreizehnte

c. Le 9e → der/die/das neunte

d. Le 22e → der/die/das zweiundzwanzigste

e. Le 50e → der/die/das funfzigste

f. Le 61e → der/die einundsechzigste

La date

- **La date** s'exprime avec les nombres ordinaux, selon la règle suivante :
am + nombre ordinal + mois → am zweiten. Mai *le 2 mai* ; am fünften. August *le 5 août*.
- Notez que, dans ce cas, le nombre ordinal se termine par **-en**. Par ailleurs, on peut juste indiquer le nombre sans l'écrire en toutes lettres mais il est alors obligatoire de mettre un point. Exemples : am 2. Mai ; am 3. August.
- Les mois sont : **Januar**, **Februar**, **März**, **April**, **Mai**, **Juni**, **Juli**, **August**, **September**, **Oktober**, **November**, **Dezember**.

2 Complétez la traduction de ces phrases avec les dates en toutes lettres.

a. Wir fahren am einten Januar los.
→ *Nous partons le premier janvier.*

b. Wir feiern Weihnachten am vierundzwanzigten Dezember
→ *Nous fêtons Noël le 24 décembre.*

c. Wir arbeiten nicht am vierzehnten Juli
→ *Nous ne travaillons pas le 14 juillet.*

d. Dieses Jahr ist Ostern am siebenzehnten April
→ *Cette année, Pâques tombe (Littéralement : est) le 17 avril.*

3 Retrouvez les 12 mois cachés dans cette grille.

J	A	U	G	U	S	T	F	R	A	O
B	R	E	I	S	A	T	B	M	M	K
I	Z	R	F	E	B	R	U	Ä	R	T
D	E	Z	E	M	B	E	R	R	U	O
U	J	U	N	I	M	U	I	Z	R	B
M	A	I	F	E	V	D	I	U	A	E
F	N	S	E	P	T	E	M	B	E	R
E	U	D	T	B	H	Z	J	U	L	I
O	A	P	R	I	L	I	R	P	A	G
L	R	E	N	O	V	E	M	B	E	R

Jours de la semaine

- Si on indique également le **jour de la semaine**, la règle est la suivante : **am + jour de la semaine + den + nombre ordinal + mois.**
  Exemple : am Montag, den zweiten Mai *le lundi 2 mai.* N'oubliez pas la virgule après le jour de la semaine.
- **Les jours de la semaine : Der Tag** signifie *le jour* et vous noterez que tous les jours de la semaine se terminent par **-tag**, à l'exception du mercredi.
- Les jours sont : **Montag, Dienstag, Mittwoch, Donnerstag, Freitag, Samstag, Sonntag.**
  Notez aussi la tournure **Heute ist Montag, der 2. (zweite) April.** *Aujourd'hui, nous sommes le lundi 2 avril.* (Littéralement : Aujourd'hui est lundi le 2e avril.)

4 Complétez les traductions de ces phrases avec les chiffres/nombres en toutes lettres.

a. *Mon anniversaire est le mardi 5 juin.*
→ Mein Geburtstag ist am Dienstag, den fünfte Juni

b. *L'école commence le jeudi 18 avril.*
→ Die Schule beginnt am Donnerstag, de achtzehnte April

c. *Viens-tu le mercredi 22 novembre ?*
→ Kommst du am Mittwoch, 22. November ?

d. *Que faites-vous le samedi 11 mars ?*
→ Was macht ihr am Samstag, den elf März ?

5 Traduisez les phrases suivantes en vous référant à l'exemple ci-dessus :

a. Aujourd'hui, nous sommes le jeudi 29 octobre.
→ Heute ist Donnerstag, der 29. Oktober

b. Aujourd'hui, nous sommes le dimanche 10 mai.
→ Heute ist Sonntag, der zehnte Mai

c. Aujourd'hui, nous sommes le lundi 20 mars.
→ Heute ist Montag, der zwanzigste März

Siècles et titres

Pour les **siècles** et les **titres** (roi, pape, empereur, etc.), on emploie toujours les nombres ordinaux :

- **Siècle :** im + nombre ordinal + Jahrhundert (*siècle*).
  Exemple : *au* XVIIIe *siècle* → im achtzehnten Jahrhundert → im 18. Jahrhundert.
- **Titres :** Louis XVI → Ludwig XVI. → Ludwig der Sechzehnte (Littéralement, Louis le XVIe).
  Vous remarquerez les différentes terminaisons du chiffre/nombre ordinal et la majuscule pour les titres.

6 **Traduisez les phrases en les écrivant en toutes lettres.**

a. Au XXIe siècle → im einenzwangste Jahrhundert

b. Louis XIV → Ludwig der vierzehnte

c. Jean-Paul II → **Johannes Paul** der zweite

d. Au XVe siècle → im 15. Jahrhundert

e. Napoléon Ier → **Napoleon** der erste

7 **ZUM ERSTEN MAL signifie *pour la première fois*. Traduisez ou complétez les phrase suivantes.**

a. Pour la deuxième fois → zum zweiten mal

b. Pour la troisième fois → zum dritten mal

c. Pour la dernière fois (letzten) → zum letzten mal

Bravo, vous êtes venu à bout du chapitre 7 ! Il est maintenant temps de comptabiliser les icônes et de reporter le résultat en page 128 pour l'évaluation finale.

8
Genre et pluriel des substantifs

Le genre

Comme pour (presque) toutes les langues, la répartition des genres est en grande majorité aléatoire. De ce fait, mieux vaut apprendre les substantifs par cœur avec leur article et ne pas faire de rapprochement avec le français, car le genre varie souvent d'une langue à l'autre. Néanmoins, il existe des points de repère permettant de classer plusieurs noms par genre. En voici quelques-uns.

- **Masculins.** Ils regroupent les êtres de sexe masculin (exceptés les diminutifs en **-chen** ou **-lein**), les noms des jours, la plupart des moments de la journée (sauf die Nacht *la nuit*), les mois, les saisons, les points cardinaux ainsi que de nombreux substantifs en **-er** (ces derniers concernent les professions et les nationalités).
- **Féminins.** Ils regroupent les êtres de sexe féminin (excepté les diminutifs en **-chen** ou **-lein**), les chiffres/nombres, la plupart des noms de fleurs, arbres et fruits, ainsi que les noms en **-ung**, **-heit**, **-in**, **-schaft**.
- **Neutres.** Ils regroupent les êtres jeunes, les lettres, les couleurs, les langues, les verbes substantivés, les diminutifs en **-chen** et **-lein** et beaucoup de noms en **-um**, **-ium** et **-ment**.

1 Expliquez le genre de ces termes.
Exemple : das Grün, *vert* → neutre, car couleur.

a. die Sieben → féminin, car ....

b. das Datum *date* → neutre, car ....

c. der Sohn *fils* → masculin, car ....

d. die Freiheit *liberté* → féminin, car ....

e. das Kind *enfant* → neutre, car ....

f. der Mittag → masculin, car ....

g. die Banane *banane* → féminin, car ....

h. der Sonntag → masculin, car ....

2 Classez les substantifs ci-dessous par genre.

Mutter *mère* — B *(lettre)* — Mann — Rot *rouge* — Mädchen — Drei — Wohnung *appartement* — Übung *exercice* — Kalb *veau* — Juli — Rose *rose* — Junge — Frau — Sommer *été* — Morgen — Deutsch — Museum *musée* — Essen *nourriture* — Bäckerei *boulangerie*

der	die	das

Pluriel

Là aussi, les exceptions peuvent donner du fil à retordre, mais voici quelques grandes lignes (pas toutes !) pour la formation du pluriel.

Masculin pluriel

- **pas de terminaison ou juste une inflexion sur a, o, u pour la plupart des masculins terminés en -er, -en, -el.**
  Exemples : der Vater/die Väter ; der Braten/die Braten *rôti*.
  Cette règle vaut aussi pour 2 féminins : die Mutter/die Mütter et die Tochter/die Töchter *fille*.
- **e et éventuellement une inflexion sur a, o, u** pour de nombreux masculins.
  Exemples : der Monat/die Monate, der Sohn/Söhne.
- **n notamment pour les masculins se terminant par -e.**
  Exemple : der Chinese/die Chinesen *chinois*.

3 Indiquez le pluriel. Les substantifs qui ne prennent pas d'inflexion sont marqués par *.

a. der Tag* → ....

b. der Franzose* *français* → ....

c. der Bruder *frère* → ....

d. der Brief *lettre* → ....

e. der Stuhl *chaise* → ....

f. der Tisch → ....

g. der Vogel *oiseau* → ....

h. der Wagen* → ....

i. der Beruf* *métier* → ....

Féminin pluriel

- **-n pour de nombreux féminins.**
  Exemples : die Dame/die Damen ; die Tafel/die Tafeln *tableau/tableaux d'école.*
- **-en pour plusieurs féminins nécessitant un -e euphonique.**
  Exemples : die Jahreszeit/die Jahreszeiten *saison/saisons.*
- **-e et une inflexion sur a, o, u pour de nombreux monosyllabes féminins** (mais pas tous !).
  Exemple : die Bank/die Bänke *banc/bancs.*
- **-nen pour les féminins terminés en -in.**
  Exemple : die Studentin/die Studentinnen.

4 Indiquez le pluriel des mots suivants.

a. die Schwester *sœur* → ....

b. die Freundin *amie* → ....

c. die Hand *main* → ....

d. die Stadt *ville* → ....

e. die Tante *tante* → ....

f. die Blume *fleur* → ....

g. die Wohnung → ....

h. die Sprache *langue* → ....

i. die Lehrerin *(la) professeur* → ....

Neutre pluriel

- **pas de terminaison ou juste une inflexion sur a, o, u pour la plupart des neutres en -er, -en, -el, -chen et -lein.**
  Exemple : das Messer/die Messer *couteau/couteaux.*
- **-e et -en sont aussi la marque de plusieurs neutres.**
  Exemples : das Heft/die Hefte *cahier/cahiers.*
- **-er et une inflexion sur a, o, u pour de nombreux monosyllabes neutres.**
  Exemples : das Feld/die Felder *champ/champs*, das Dorf/die Dörfer *village/villages.*

5 Indiquez le pluriel des mots suivants.

a. das Kind → ....

b. das Mädchen → ....

c. das Buch → ....

d. das Fenster *fenêtre* → ....

e. das Bild *image* → ....

f. das Zimmer *pièce* → ....

6 L'habillement : indiquez le singulier des noms suivants.

a. die Hüte *chapeau* → der ....

b. die Mäntel *manteau* → der ....

c. die Röcke *jupe* → der ....

d. die Kleider *robe* → das ....

e. die Hosen *pantalon* → die ....

f. die Schuhe *chaussures* → der ....

g. die Strümpfe *chaussettes* → der ....

h. die Hemden *chemise* → das ....

i. die Blusen *corsage* → die ....

Bravo, vous êtes venu à bout du chapitre 8 ! Il est maintenant temps de comptabiliser les icônes et de reporter le résultat en page 128 pour l'évaluation finale.

9
Accusatif

Emploi et déclinaison

	Article défini	Article indéfini	Sans article
Masculin	den jungen Mann	einen jungen Mann	jungen Mann
Féminin	die junge Frau	eine junge Frau	junge Frau
Neutre	das junge Mädchen	ein junges Mädchen	junges Mädchen
Pluriel	die jungen Männer/ Frauen/Mädchen	junge Männer/ Frauen/ Mädchen	junge Männer/ Frauen/ Mädchen

- L'accusatif est le 2e cas. On l'emploie pour marquer **le complément d'objet direct :** jemanden/etwas haben, kaufen, kennen, etc. (*avoir, acheter, connaître quelqu'un/ quelque chose, etc.)* → Wir haben einen kleinen Hund. *Nous avons un petit chien.*
- Remarquez que, par rapport au nominatif, seul le masculin change (voir tableau p. 20). En général, les verbes allemands construits avec un accusatif correspondent à des verbes français construits avec un complément d'objet direct. Il existe néanmoins des exceptions, notamment jemanden fragen + acc. *demander à quelqu'un*, jemanden/etwas brauchen + acc. *avoir besoin de quelqu'un/quelque chose.* → Frag den Mann. *Demande au monsieur.*

- On emploie l'accusatif après certaines prépositions, notamment : **durch** *à travers*, **für** *pour*, **gegen** *contre*, **ohne** *sans*, **um** *autour.* → Das ist für die junge Frau. *C'est pour la jeune femme.* Notez les contractions possibles avec das : durch das → durchs, für das → fürs, um das → ums.
- Les **pronoms interrogatifs** *qui* et *que/quoi* correspondent à **wen** et **was** à l'accusatif. Exemples : Wen kennst du? *Qui connais-tu ?* Was hast du? *Qu'est-ce que tu as ?*
- Particularité : certains noms masculins, dits **masculins faibles**, prennent un **-n** à l'accusatif. Il s'agit notamment des noms se terminant par **-e** au nominatif.
  Exemple : der/ein Junge → Kennst du den/einen Jungen? Notez aussi les particularités suivantes : der/ein Herr *le/un monsieur* → den/einen Herrn ; der/ein Polizist *le/un policier* → den/einen Polizisten ; der/ein Student *l'/un étudiant* → den/einen Studenten.

1 Le logement : ajoutez les marques de l'accusatif aux articles ou aux adjectifs.

a. den groß..........Schrank *armoire*

b. ein.......... großen Tisch

c. ein klein .... Haus

d. ein groß .... Sofa *canapé*

e. das groß.......... Bett *lit*

f. ein .... großen Garten *jardin*

g. d .... großen Stuhl *chaise*

h. ein...... große Wohnung

i. ein .... großen Teppich *tapis*

j. groß............. Schlüssel *clés, pluriel*

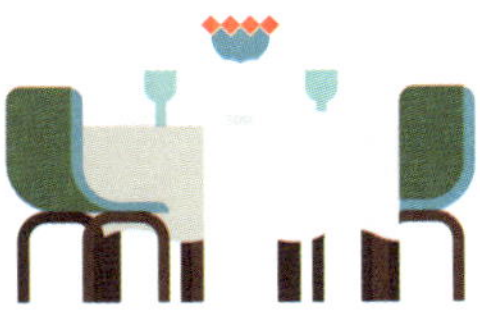

2 Complétez par les désinences adéquates. Le genre de certains mots est indiqué entre parenthèses : M = masculin, F = féminin, N = neutre, P = pluriel.

a. Ich nehme d .... klein .... Stuhl?

b. Wir brauchen ein..... Lampe **(F)** *(lampe)* für d .... neu .... Wohnung.

c. Ich habe ein........... neu. ...... Telefon **(N)**. *(téléphone)*

d. Das Haus hat ein..... groß............................ Garten.

e. Wir sind gegen d ..... Reform. **(F)** *(réforme)*

f. W........... brauchst du? – Den Schlüssel. *(clé)*

g. Ich frage d......... Kinder.

h. W........ fragst du? – Ich frage d..... Herr .... da. *(là)*

i. Suche möbliert ..... Zimmer. **(N)** *(cherche chambre meublée)*

Pronoms personnels

Ils se déclinent également, selon le tableau ci-dessous.

ich	du	er	sie	es	wir	ihr	sie	Sie
mich	**dich**	**ihn**	**sie**	**es**	**uns**	**euch**	**sie**	**Sie**

3 Répondez en utilisant le pronom personnel.

a) Brauchst du das Buch. → Ja, ich brauche es.

b) Siehst du uns ? → Ja, ich sehe euch.

a. Brauchst du die Lampe?
– Ja, ich brauche ....

b. Kaufst du den Tisch?
– Ja, ich kaufe ....

c. Hast du das Telefon?
– Ja, ich habe ....

d. Ist das für euch?
– Nein, das ist nicht für ....

e. Liebst du mich?
– Ja, ich liebe ....

f. Ist das für dich?
– Ja, das ist für ....

Pronoms indéfinis einen/keinen, etc.

Ils remplacent le groupe nominal et se traduisent par *en... un/...une/...pas*. Ils se déclinent à tous les cas, mais en débutant, vous les emploierez surtout à l'accusatif :

- **Masculin :** Hast du einen Ausweis? *As-tu une pièce d'identité ?* – Ja, ich habe einen./Nein, ich habe keinen. *Oui, j'en ai une./Non, je n'en ai pas.*
- **Féminin :** Hast du eine Uhr? *As-tu une montre ?* – Ja, ich habe eine./Nein, ich habe keine. *Oui, j'en ai une./Non, je n'en ai pas.*
- **Neutre :** Hast du ein Auto? *As-tu une voiture ?* – Ja, ich habe eins./Nein, ich habe keins. *Oui, j'en ai une./Non je n'en ai pas.*
- **Pluriel :** Hast du Zigaretten? *As-tu des cigarettes ?* – Ja, ich habe welche./Nein, ich habe keine. *Oui, j'en ai./Non, je n'en ai pas.*

4 Remplacez le groupe nominal par le pronom indéfini EINEN, KEINEN, etc..

a. Trinkst du auch *(aussi)* einen Kaffee *(café)*? – Ja, ich trinke auch ....

b. Ich brauche einen roten Stift. *(stylo rouge)* Hast du ....? – Nein, ich habe ....

c. Haben Sie ein Heft ? – Ja, ich habe ....

d. Hat sie Kinder? – Nein, sie hat ....

e. Ich reserviere *(réserver)* ein Zimmer. – Ich reserviere auch ....

Absence d'article

Dans le cas d'une **quantité indénombrable**, le groupe nominal se construit sans article. En français, au contraire, les substantifs désignant une quantité indénombrable se construisent, selon le cas, avec ou sans article.
Exemples : Ich habe Zeit. *J'ai le temps.* Ich habe Hunger. *J'ai faim.*

5 Quantité dénombrable ou indénombrable ? Traduisez ces phrases en utilisant les mots suivants :

das Pech *la malchance/poisse*

das Glück *la chance*

der Durst *la soif*

die Tasche *le sac*

der Schlüssel *la clé*

das Geld *l'argent*

a. As-tu de l'argent ? ➜ ....

b. Nous avons soif. ➜ ....

c. J'ai la poisse. ➜ ....

d. As-tu le sac ? ➜ ....

e. A-t-il la clé ? ➜ ....

f. Ils ont de la chance. ➜ ....

Bravo, vous êtes venu à bout du chapitre 9 ! Il est maintenant temps de comptabiliser les icônes et de reporter le résultat en page 128 pour l'évaluation finale.

10
Questions

Formation

wo *où* (locatif)	**wer** *qui* (nom.)	**wie** *comment*
wohin *où* (direction)	**wen** *qui* (acc.)	**wann** *quand*
woher *d'où*	**was** *que/quoi*	**warum** *pourquoi*

La question peut, comme en français, se formuler avec ou sans pronom interrogatif.

- **Sans pronom interrogatif :** verbe conjugué + sujet + complément(s) éventuel(s). Exemple : Kommst du morgen? *Viens-tu/Tu viens demain ?* En allemand, la question commence généralement par le verbe, alors qu'en français, le verbe peut être avant ou après le sujet. Par ailleurs, on ne met pas de tiret entre le verbe et le sujet.
- **Avec pronom interrogatif :** pronom interrogatif + verbe conjugué + sujet + complément(s) éventuel(s). Exemple : Warum kommst du morgen ? *Pourquoi viens-tu demain?/Pourquoi (est-ce que) tu viens demain ?*

1 Remettez les éléments dans l'ordre pour formuler des questions sans pronom interrogatif.

aus – kommt – ? – ihr – München

Buch – du – ein – ? – liest – neues

Film – die – ? – Kinder – sehen – einen

a. ....
....
....

b. ....
....
....

c. ....
....
....

2 Complétez les phrases par le pronom interrogatif adéquat.

Warum Was Wohin Wer Wie Woher Wo Wann Wen

a. .... wohnen Sie? – In Bonn.

b. .... machst du? – Ich arbeite.

c. .... heißen Sie? – Paula Fischer.

d. .... fragt ihr? – Den Lehrer.

e. .... geht er? – Nach Hause.

f. .... fährst du nach München? – Morgen.

g. .... kommt er nicht? – Er ist krank. *(malade)*

h. .... ist sie? – Sehr hübsch.

i. .... sind Sie? – Ich bin der neue Deutschlehrer.

j. .... kommen sie? – Aus England

Traduire quel/quels/quelle/quelles et quelle sorte de

	Masculin	Féminin	Neutre	Pluriel
Nominatif	welcher was für ein	welche was für eine	welches was für ein	welche was für
Accusatif	welchen was für einen	welche was für eine	welches was für ein	welche was für

Notez que ce tableau se limite aux deux premiers cas de la déclinaison allemande.

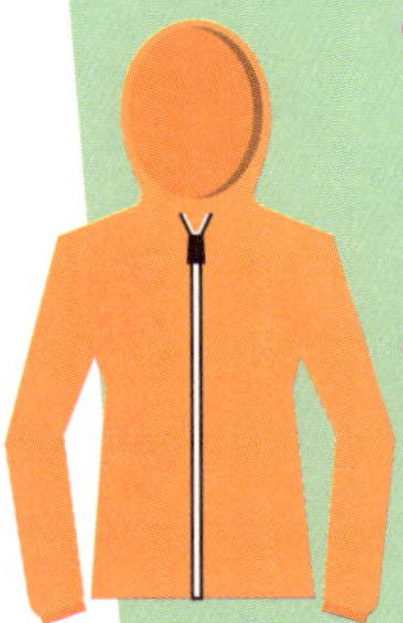

- **Welch- + substantif** correspond à *quel* + substantif : Welchen Mantel kaufst du? *Quel manteau achètes-tu ?* (acc. masc.)
- **Was für ein-/was für (au pluriel) + substantif** correspond *à quelle sorte de*. Attention ! Ici, **für** n'a pas la valeur d'une préposition et la déclinaison de ein dépend de la fonction de son groupe nominal dans la phrase.

→ Nominatif masculin : Was für ein Film ist das? *Quelle sorte de film est-ce ?*

→ Accusatif masculin : Was für einen Wagen kaufst du? *Quelle sorte de voiture achètes-tu ?*

3 Complétez par les désinences si nécessaire.

a. Welch .... Sprache ist das?

b. Welch .... Buch liest du?

c. Welch .... Land kennst du?

d. Welch .... Zug nimmst du?

e. Welch .... Plätze sind frei?

f. Was für ein...................................... Wagen ist das?

g. Was für .... Bücher liest du?

4 Vous souvenez-vous des tournures WIE ALT… ? / WIE SPÄT … ? / WIE VIEL …? Testez vos connaissances et complétez les questions suivantes.

a. .... ist es? Es ist 10 Uhr.

b. .... bist du? Ich bin 18.

c. .... kostet es? 35 Euros.

5 Complétez les phrases par le pronom interrogatif adéquat.

a. .... nicht? *Pourquoi pas ?*

b. .... ist es möglich? *Comment est-ce possible ?*

c. .... bist du? Und .... machst du? *Qui es-tu ? Et que fais-tu ?*

Les questions indirectes

Elles sont introduites par :

- **un pronom interrogatif :** Ich weiß nicht, **wann** ich nach Hause gehe. *Je ne sais pas quand je rentre à la maison.* Ich sage dir nicht, **wer** kommt. *Je ne te dis pas qui vient.*
- **la conjonction ob** *si.* À ne pas confondre avec le si conditionnel (voir p. 78) celle-ci est souvent précédée des verbes (nicht) wissen *(ne pas) savoir*, ou fragen *demander.* Exemple : Wissen Sie, ob er kommt? *Savez-vous s'il vient (ou non) ?*
- **Attention à la syntaxe** : le verbe est rejeté en fin de phrase. Vous noterez aussi la virgule obligatoire après la proposition principale.
- Le verbe **wissen** *savoir* a une conjugaison particulière : ich weiß, du weißt, er/sie/es weiß, wir wissen, ihr wisst, sie/Sie wissen.

6 **Complétez les phrases par WO, OB, WOHER, WANN, WOHIN, WIE ou WARUM.**

a. Wissen Sie, ... er Kinder hat?
Savez-vous s'il a des enfants ?

b. Ich weiß nicht, ... ich kommen soll.
Je ne sais pas quand je dois venir.

c. Weißt du, ... seine Familie kommt?
Sais-tu d'où vient sa famille ?

d. Wisst ihr, ... ich ein Hotel finden kann?
Savez-vous où je peux trouver un hôtel ?

e. Wir wissen nicht, ... Peter fährt.
Nous ne savons pas où va Peter.

f. Weißt du, ... es ist?
Sais-tu comment c'est ?

g. Wissen Sie, ... er nicht kommt?
Savez-vous pourquoi il ne vient pas ?

Bravo, vous êtes venu à bout du chapitre 10 ! Il est maintenant temps de comptabiliser les icônes et de reporter le résultat en page 128 pour l'évaluation finale.

11
Réponses

Ja *oui*, nein *non*, doch *si*

- Kommst du morgen? *Viens-tu demain ?*
  – Ja, ich komme. *Oui, je viens.*
  – Nein, ich komme nicht. *Non, je ne viens pas.*
- Kommst du morgen nicht? *Ne viens-tu pas demain ?*
  – Doch, ich komme. *Si, je viens.*
  – Nein, ich komme nicht. *Non, je ne viens pas.*

1 **Complétez les phrases par JA, NEIN ou DOCH.**
Exemple : Ist sie hübsch? ➜ Ja, sie ist hübsch.

a. Ist es nicht gut? ➜ .... , es ist nicht gut.

b. Ist es gut? ➜.................................. , es ist nicht gut.

c. Ist es nicht gut? ➜ .... , es ist gut.

d. Ist es gut? ➜ .... , es ist gut.

e. Ist die Übung schwer? *(difficile)* ➜ Oh .... , sie ist sehr schwer.

f. Verstehst du die Übung? *(comprendre)* ➜ .... , ich verstehe nicht.

2 **Complétez les réponses par les mots suivants :**

Pech Dienstag März Hunger

a. Hat er Glück? – Nein, er hat ....

b. Ist heute Mittwoch? -Nein, heute ist ....

c. Kommt er im April? -Nein, er kommt im ....

d. Hast du Durst? –Nein, ich habe ....

3 Complétez le reste de la phrase en remplaçant le groupe nominal souligné par le pronom personnel adéquat.

Exemple : Kennst du die Dame? → Ja, ich kenne sie.

a. Siehst du die Sonne nicht? (*soleil*)
→ Doch, ...

b. Kennst du den Herrn?
→ Ja, ...

c. Kennt er die Leute? (*gens*)
→ Nein, ...

La négation

Elle s'exprime soit avec **kein** soit avec **nicht**. **Kein** est un pronom qui se décline, **nicht** en revanche est un adverbe, il est donc invariable.

	Masculin	Féminin	Neutre	Pluriel
Nominatif	kein	keine	kein	keine
Accusatif	keinen	keine	kein	keine

Notez que ce tableau se limite aux deux premiers cas de la déclinaison allemande.

- **Kein** est la négation de l'article indéfini ein et il suit la même déclinaison.
  – **Accusatif masculin** → Ich habe einen Wagen./Ich habe keinen Wagen.
  – **Nominatif neutre** → Es ist ein Problem./ Es ist kein Problem.
  – Contrairement à ein, kein a une **forme plurielle :** accusatif pluriel → Ich habe Kinder./Ich habe keine Kinder.
- **Nicht** est la négation pour les autres cas et, selon le contexte, son emplacement dans la phrase peut varier. En règle générale, nicht se place :
  → **devant le mot / groupe nominal** à nier quand il s'agit d'un adjectif, d'un adverbe, d'un attribut du sujet ou d'un complément d'objet avec préposition. Il occupe la même place que « pas ».
  Exemples : Er ist nicht groß. *Il n'est pas grand.* Er fährt nicht schnell. *Il ne roule pas vite.* Ich bin nicht Sabine. *Je ne suis pas Sabine.* Er wohnt nicht in Berlin. *Il n'habite pas à Berlin.*
  → **derrière les adverbes de temps** comme gestern *hier*, heute *aujourd'hui*, morgen *demain*, jetzt *maintenant* et derrière le complément d'objet sans préposition.
  Exemples : Er kommt heute nicht. Ich kenne die Stadt nicht. *Il ne vient pas aujourd'hui. Il ne connaît pas la ville.*

Attention, il s'agit d'une partie de la règle sur la place de nicht.

4 Mettez ces phrases à la forme négative en utilisant **NICHT** ou **KEIN**.

a. Ich arbeite gut.
→ Ich arbeite .... gut.

b. Ich kaufe das Buch.
→ Ich kaufe das Buch ....

c. Ich heiße Petra.
→ Ich heiße .... Petra.

d. Das ist für dich.
→ Das ist .... für dich.

e. Er ist ein guter Freund.
→ Er ist .... guter Freund.

f. Ich habe Zigaretten. (*cigarettes*)
→ Ich habe .... Zigaretten.

5 Selon la règle p. 45, cochez la phrase où **NICHT** est correctement placé.

1. a. ☐ Ich liebe dich **nicht**.
b. ☐ Ich liebe **nicht** dich.

2. a. ☐ Ich arbeite heute **nicht**.
b. ☐ Ich arbeite **nicht** heute.

3. a. ☐ Ich kenne ihn **nicht**.
b. ☐ Ich kenne **nicht** ihn.

4. a. ☐ Das ist mein Mann **nicht**.
b. ☐ Das ist **nicht** mein Mann.

Particularité de KEIN

Kein est aussi la négation d'une proposition nominale sans article (voir chapitre Accusatif, p. 36)

- Ich habe Glück. → Ich habe kein Glück. *Je n'ai pas de chance.* Das Glück est un nom neutre singulier et il est à l'accusatif dans cette phrase, d'où **kein**.
- Ich habe Hunger. → Ich habe keinen Hunger. *Je n'ai pas faim.* Der Hunger est un nom masculin singulier et il est à l'accusatif dans cette phrase, d'où **keinen**.

6 Mettez les phrases suivantes à la forme négative. Le genre est indiqué entre parenthèses (M = masculin, F = féminin, N = neutre, P = pluriel).

a. Ich brauche Geld. **(N)**

→ ....

b. Ich habe Zeit **(F)**

→ ....

c. Ich trinke Bier. **(N)**

→ ....

d. Ich habe Durst. **(M)**

→ ....

e. Ich esse Fleisch. **(N)** *(manger/viande)*

→ ....

f. Sie hat Salz. **(N)** *(sel)*

→ ....

Bravo, vous êtes venu à bout du chapitre 11 ! Il est maintenant temps de comptabiliser les icônes et de reporter le résultat en page 128 pour l'évaluation finale.

12 Datif

Emploi et déclinaison

	Article défini	Article indéfini	Sans article
Masculin	dem jungen Mann	einem jungen Mann	jungem Mann
Féminin	der jungen Frau	einer jungen Frau	junger Frau
Neutre	dem jungen Mädchen	einem jungen Mädchen	jungem Mädchen
Pluriel	den jungen Männern/ Frauen/Mädchen	jungen Männern/ Frauen/Mädchen	jungen Männern/ Frauen/Mädchen

- Le datif est le 3e cas. Il s'emploie pour marquer le **complément d'objet indirect**. Exemples : jemandem schreiben, gefallen, gehören *écrire, plaire, appartenir à quelqu'un.* Der Ball gehört dem kleinen Mädchen. *La balle appartient à la petite fille.*
- Notez que jemandem danken, gratulieren, helfen *remercier, féliciter, aider quelqu'un* se construisent en allemand avec **un datif,** alors qu'en français, ils impliquent un complément d'objet direct.
  Par ailleurs, tous les substantifs pluriels prennent un **-n** au datif, exceptés ceux dont la marque du pluriel se termine déjà par **-n**.
- Le datif s'emploie après des prépositions, dont **aus** *de/hors de,* **mit** *avec*, **nach** *après**, **seit** *depuis*, **von** *de (la part de)* et les prépositions spatiales **zu, bei, von** *chez, de.*
  Exemples : Was machst du **nach** der Schule? *Que fais-tu après l'école ?* Quant à la règle du **-n** pour les masculins faibles, elle vaut aussi pour le datif : Es gehört **dem** Jung**en**. *Ça appartient au garçon.*
- Le pronom interrogatif *à qui* correspond à **wem**. Exemple : Wem schreibst du? *À qui écris-tu ?*

* À ne pas confondre avec le directionnel **nach** qui se construit sans article : Ich gehe nach Berlin/nach Hause. *Je vais à Berlin/à la maison.*

1 Indiquez le datif des groupes nominaux suivants.

a. eine gute Bäckerei *une bonne boulangerie*
→ ....

b. der große Supermarkt *le grand supermarché*
→ ....

c. das neue Geschäft *le nouveau magasin*
→ ....

d. die kleinen Geschäfte *les petits magasins*
→ ....

2 Complétez les phrases par les désinences. Le genre est indiqué pour les nouveaux substantifs.

a. Das Buch gefällt d .... Herr ....

b. W .... gehört das Buch?

c. Ich schreibe d .... Deutschlehrer eine Mail.

d. Das Buch ist von ein .... klein........... Mädchen.

e. Der Kuchen schmeckt d .... Kinder ....
(plaire, être bon – aliment)

f. Ich arbeite viel mit d .... neu .... Computer.
(M) *(ordinateur)*

g. Wir kommen nach d.............. Arbeit. **(F)** *(travail)*

h. Wir wohnen seit ein .... Jahr in Berlin. **(N)** *(an)*

i. Fatima kommt aus d.............. Türkei.

j. Es gehört d......... klein .... Kinder.......

Les prépositions spatiales zu, bei, von

Zu, **bei**, et **von** s'emploient avec les personnes et les lieux. Il existe plusieurs contractions possibles avec l'article défini, dem ou der, précisés ci-dessous.

- **Zu pour la direction**
  Contractions possibles : zu + dem → **zum** ou zu + der → **zur**
  Exemple : Ich gehe **zum** Bäcker / **zur** Bäckerei. *Je vais chez le boulanger/à la boulangerie.*
- **Bei pour le locatif**
  Contraction possible : bei + dem → **beim**
  Exemple : Ich bin **beim** Bäcker/**bei der** Bäckerei. *Je suis chez le boulanger/à la boulangerie.*
- **Von provenance**
  Contraction possible : von + dem → **vom**
  Exemple : Ich komme **vom** Bäcker /**von der** Bäckerei. *Je viens de chez le boulanger/de la boulangerie.*

3 **Complétez les phrases par ZU, BEI ou VON. Notez que dans les occurrences b, e et f, il s'agit d'articles contractés.**

a. Morgen fahre ich .... meinen Eltern. (*mes parents*)

b. Kannst du bitte schnell .... r Metzgerei (*charcuterie*) gehen.

c. Wir wohnen .... unseren Freunden. (*nos*)

d. Sie kommt................................ ihrem Freund. (*son*)

e. Gehst du morgen ....r Schule?

f. Wir kommen gerade ....m Arzt. (*médecin*)

Les pronoms personnels au datif

ich	du	er	sie	es	wir	ihr	sie	Sie
mir	dir	ihm	ihr	ihm	uns	euch	ihnen	Ihnen

4 **Complétez les réponses par le pronom personnel adéquat au datif.**
Exemple : Schreibst du uns? – Ja, ich schreibe euch. (tutoiement pluriel)

a. Schreibst du mir?
– Ja, ich schreibe ....

b. Hilft dir das?
– Ja, das hilft ....

c. Gefällt euch das?
– Ja, das gefällt ....

d. Passt mir das gut?
Ça me va bien ?
– Ja, das passt .... gut.
(tutoiement singulier)

e. Gehört uns das?
– Ja, das gehört ....
(tutoiement pluriel)

f. Schmeckt euch das?
– Ja, das schmeckt ....

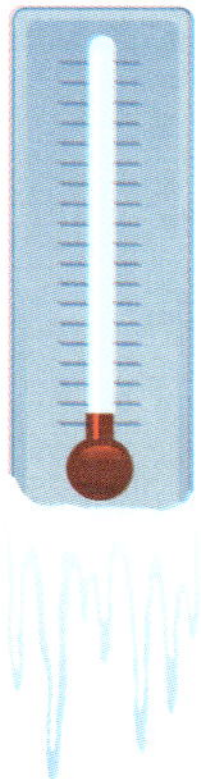

Constructions au datif

- Mir ist kalt! Mir ist warm! Mir ist heiß! *J'ai froid ! J'ai chaud ! J'ai très chaud !* Ce genre de constructions au datif est assez fréquent en allemand. Notez bien la syntaxe : **complément au datif + ist + kalt/warm/heiß**.
- Dans une interrogative, le complément au datif et le verbe sont inversés : Ist dir kalt? *As-tu froid ?*
- Notez aussi la tournure suivante. Elle est sûrement la plus connue des constructions au datif :
Wie geht es Ihnen ? – Gut danke. Und Ihnen? *Comment allez-vous ? Bien merci. Et vous ? (Littéralement : Comment ça va à vous ? Bien merci. Et à vous ?)*

5 Traduisez les phrases suivantes.

a. Nous avons chaud. → ....

b. Elles ont froid. → ....

c. Avez-vous chaud ? → *(tutoiement pluriel)* ....

d. A-t-elle froid ? → ....

e. Avez-vous froid ? → *(vouvoiement)* ....

f. Il a chaud. → ....

6 Traduisez les échanges suivants.

a. Comment allez-vous ? Bien merci. Et vous ? (tutoiement pluriel)
→ ....

b. Comment vas-tu ? Bien merci. Et toi ?
→ ....

Bravo, vous êtes venu à bout du chapitre 12 ! Il est maintenant temps de comptabiliser les icônes et de reporter le résultat en page 128 pour l'évaluation finale.

13

Les possessifs

Emploi et déclinaison

Possesseur	ich	du	er/es	sie	wir	ihr	sie	Sie
Masculin/Neutre	mein	dein	sein	ihr	unser	euer	ihr	Ihr
Féminin/Pluriel	meine	deine	seine	ihre	unsere	eu(e)re*	ihre	Ihre

*Le e est généralement élidé.

- **Mein, dein, sein,** etc. correspondent à *mon, ton, son*, etc. et se déclinent sur le modèle de ein/kein. Il est important de distinguer le radical, en noir dans le tableau, et la terminaison, en rouge. Notez aussi que ce tableau se limite au nominatif.

- **Le radical** change en fonction du possesseur : ich → mein, du → dein, etc.

- **La terminaison** change en fonction du possédé : masculin nominatif → mein Vater *mon père*, féminin nominatif → meine Mutter *ma mère*, neutre nominatif → mein Kind *mon enfant*, pluriel nominatif → meine Kinder *mes enfants*. Vous noterez que le masculin et le neutre au nominatif ne prennent pas de terminaison et que ces exemples se réfèrent au possesseur **ich**.

- **Attention**, la 3e personne du singulier prête souvent à confusion :
  – **un possesseur masculin ou neutre implique le radical sein.**
  Exemple : possesseur = Paul → sein Vater, seine Mutter, sein Kind, seine Eltern *Son père, sa mère, son enfant, ses parents (de Paul).*
  Possesseur = das Kind → sein Vater, seine Mutter, seine Eltern *Son père, sa mère, ses parents (de l'enfant).*

  – un possesseur féminin implique le radical ihr.
  Exemple : Sabine → ihr Vater, ihre Mutter, ihr Kind, ihre Eltern *Son père, sa mère, son enfant, ses parents (de Sabine).*

- Notez que l'adjectif possessif **ihr** équivaut aussi à la 3e personne du pluriel :
  Paul und Sabine → ihr Vater, ihre Mutter.
  Paul et Sabine → *leur père, leur mère (de Paul et Sabine).*

1 Complétez les phrases en utilisant l'adjectif possessif adéquat, le possesseur étant toujours le nom ou le pronom personnel souligné.

Exemple : Ich arbeite in Frankreich, aber *(mais)* meine Frau arbeitet in Deutschland.

a. Wir wohnen in Berlin, aber .... Sohn wohnt in München.

b. Du arbeitest in München. Und wo arbeitet .... Freundin?

c. Sabine kommt nicht, aber .... Freund kommt. *(ami)*

d. Ihr sagt ja, aber .... Vater sagt nein.

e. Er hat Geld und .... Frau hat auch Geld. *(femme)*

f. Ich arbeite viel, aber .... Chef arbeitet wenig *(peu)*.

2 Cochez le bon possessif.

a. Ist Paul krank? Nein, aber ☐ sein ☐ seine ☐ ihr Bruder ist krank.

b. Kommt Paula heute? Nein, aber ☐ ihre ☐ seine ☐ ihr Eltern kommen.

c. Ist Paula müde *(fatiguée)*? Nein, aber ☐ ihr ☐ seine ☐ sein Bruder ist müde.

d. Sind die Kinder in Berlin? Nein, aber ☐ seine ☐ ihre ☐ ihr Vater ist in Berlin.

e. Wohnt Peter in München? Nein, aber ☐ seine ☐ ihre ☐ sein Schwester wohnt in München.

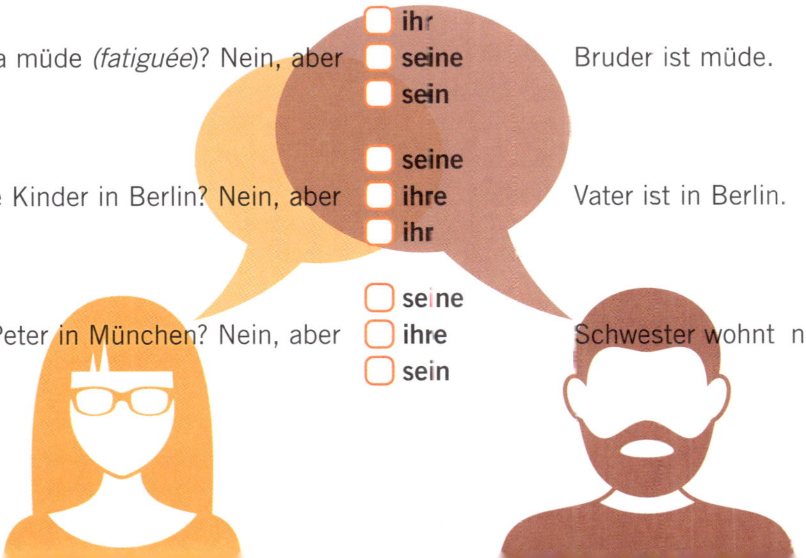

Déclinaisons à l'accusatif et au datif

Les terminaisons (en rose) sont communes à toutes les personnes. Notez aussi que le neutre accusatif n'en prend pas.

Kennt er meinen Vater? *Connaît-il mon père ?*
– Ja, er kennt deinen Vater. *Oui, il connaît ton père.*

Gehört es meinem Sohn oder deinem Sohn? *Cela appartient à mon fils ou à ton fils ?*

	Masculin	Féminin	Neutre	Pluriel
Accusatif	meinen	meine	mein	meine
Datif	meinem	meiner	meinem	meinen

3 **Complétez les tableaux suivants.**

	Masculin	Féminin	Neutre	Pluriel
Accusatif	deinen		dein	
Datif	deinem			

	Masculin	Féminin	Neutre	Pluriel
Accusatif				
Datif	unserem			unseren

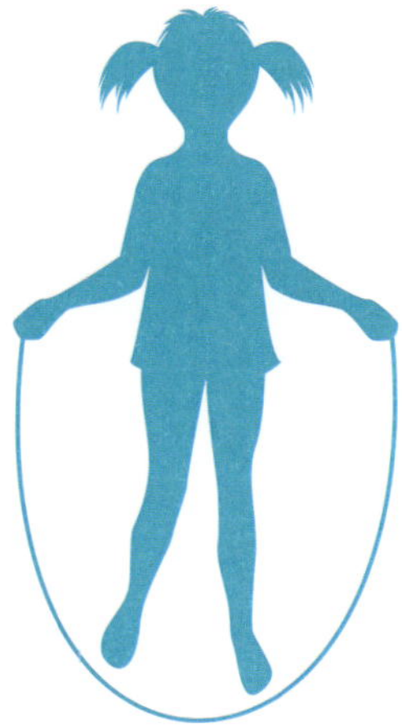

4 **La famille : mémorisez les nouveaux mots et traduisez les mots déjà étudiés.**

a. die Eltern → *les parents*

b. der Vater → ....

c. die Mutter → ....

d. die Tochter → ....

e. der Sohn → ....

f. der Bruder → ....

g. die Schwester → ....

h. der Onkel → *l'oncle*

i. die Tante → ....

Die Großeltern signifient *les grands-parents*. À votre avis, comment dit-on :

j. la grand-mère → ....

k. le grand-père → ....

5 Complétez par les terminaisons adéquates.

a. Sabine ist bei ihr........................ Vater.

b. Kennst du ihr........................... Vater?

c. Das ist für dein ... . Mutter.

d. Seid ihr bei eur .... Eltern?

e. Wir sagen es unser .... Lehrer.

f. Mein....... Schwester kommt heute nicht.

g. Morgen treffe ich eur .... Eltern.

h. Sie kommen mit ihr .... Kindern.

6 Complétez les phrases par l'adjectif possessif qui convient. Le genre est indiqué entre parenthèses : M = masculin, F = féminin, N = neutre, P = pluriel.

a. Das ist nicht .... Problem **(N)**.
Ce n'est pas votre problème. (tutoiement pluriel)

b. Heute ist .... Geburtstag **(M)**.
Aujourd'hui, c'est mon anniversaire.

c. Und was ist .... Meinung **(F)**?
Et quel est votre avis ? (vouvoiement)

d. Wie ist .... Name **(M)**?
Quel est ton nom ?

e. Wie ist .... Telefonnummer **(F)**?
Quel est ton numéro de téléphone ?

f. Schwarz, Rot, Gold das sind .... Farben **(P)**.
Noir, rouge, or, ce sont nos couleurs.

Bravo, vous êtes venu à bout du chapitre 13 ! Il est maintenant temps de comptabiliser les icônes et de reporter le résultat en page 128 pour l'évaluation finale.

14

Verbes de modalité

Emploi et conjugaison

	ich	du	er/sie/es	wir	ihr	sie/Sie
müssen *devoir/falloir*	muss	musst	muss	müssen	müsst	müssen
sollen *devoir*	soll	sollst	soll	sollen	sollt	sollen
wollen *vouloir*	will	willst	will	wollen	wollt	wollen
mögen *bien aimer/ vouloir/désirer*	mag möchte	magst möchtest	mag möchte	mögen möchten	mögt möchtet	mögen möchten
dürfen *avoir le droit*	darf	darfst	darf	dürfen	dürft	dürfen
können *pouvoir/savoir*	kann	kannst	kann	können	könnt	können

- Pour les deux conjugaisons, voir le paragraphe concernant le verbe **mögen** en page de droite.
- Les verbes de modalité présentent une conjugaison particulière et se construisent généralement avec un infinitif rejeté en fin de phrase. Comme nous le verrons dans les exemples à venir, l'infinitif peut quelquefois être sous-entendu.

1 Avant de passer aux verbes de modalité, testez vos connaissances. Traduisez ces infinitifs.

a. travailler → ....

b. faire .→ ....

c. aller → ....

d. apprendre → ....

e. venir → ....

f. écrire → ....

g. habiter → ....

h. conduire/aller en voiture → ....

Müssen et sollen

- **Müssen** *devoir* a le sens d'un ordre, d'une obligation, du « *il faut* » français : Mein Zug ist um 10 Uhr, ich muss los. (sous-entendu losfahren) *Mon train est à dix heures, je dois partir/il faut que je parte.*
- **Sollen** *devoir* a le sens d'un conseil, d'une raison/obligation morale : Du sollst mehr schlafen. Du brauchst es. *Tu dois dormir plus. Tu en as besoin.*

2 Complétez par MÜSSEN ou SOLLEN.

a. Du .... nicht lügen.
Tu ne dois pas mentir./Tu ne mentiras point.

b. Er .... arbeiten, denn er hat kein Geld.
Il faut qu'il travaille car il n'a pas d'argent.

c. Schnell, wir .... in die Schule gehen.
Vite, il faut aller à l'école.

d. Am Abend .... du weniger essen.
Le soir, tu dois moins manger.

Wollen et mögen

- **Wollen** *vouloir* a le sens d'une forte volonté : Ich will es versuchen. *Je veux (absolument) essayer.*
- **Mögen** utilisé au présent se réfère généralement au goût alimentaire et se traduit par *(bien) aimer* → Ich mag den Kuchen. *J'aime bien le gâteau.* Utilisé au subjonctif, il exprime un souhait. → Ich möchte es versuchen. *J'aimerais/voudrais (l') essayer.* Il se traduit souvent par le verbe *aimer/ vouloir* au conditionnel.

3 Complétez par WOLLEN ou MÖGEN.

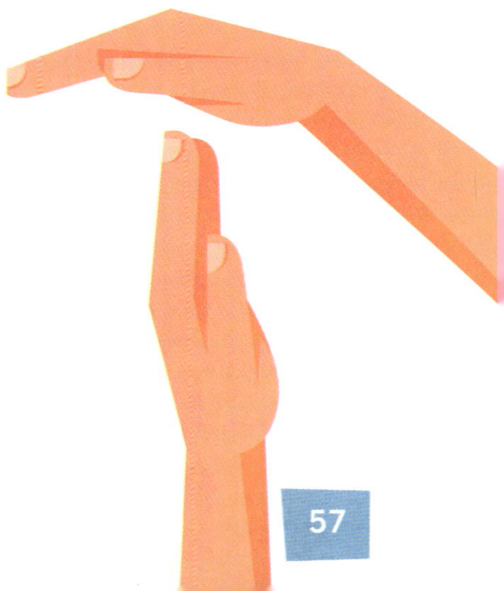

a. Nein! Wir .... nicht kommen.
Non ! Nous ne voulons pas venir.

b. .... du Schokolade?
Aimes-tu le chocolat ?

c. Ich .... eine Pause machen.
J'aimerais faire une pause.

d. .... ihr etwas essen?
Aimeriez-vous manger quelque chose ?

Können et dürfen

- **Können** *pouvoir/savoir* exprime une capacité, ou bien une (im)possibilité. Kannst du morgen kommen oder arbeitest du? *Peux-tu venir demain ou travailles-tu?* Ich kann nicht singen. *Je ne sais pas chanter.*
- **Dürfen** *pouvoir* a le sens de « avoir le droit/l'autorisation » : Darf man hier fotografieren? *A-t-on le droit de prendre des photos (Littéralement : de photographier) ici ?*

4 Complétez par KÖNNEN ou DÜRFEN.

a. .... Sie Tennis spielen?
Savez-vous jouer au tennis ?

b. Ich .... nicht bleiben. Mein Zug fährt in 20 Minuten.
Je ne peux pas rester. Mon train part dans 20 minutes.

c. Er .... nicht kommen! Seine Eltern wollen nicht.
Il ne peut pas/n'a pas le droit de venir. Ses parents ne veulent pas.

d. Mit 15 Jahren .... du keinen Alkohol trinken.
À 15 ans (Littéralement : Avec 15 ans), tu n'as pas le droit de boire de l'alcool.

5 Entourez le verbe adapté.

a. Kannst / darfst / musst du schwimmen?
Sais-tu nager ?

b. Du **musst / magst / sollst** für die Prüfung lernen.
Il faut que tu étudies pour l'examen.

c. Ihre Eltern **wollen / können / sollen** nicht.
Ses parents ne veulent pas.

d. Sie **darf / muss / möchte** nicht ins Kino gehen.
Elle n'a pas le droit d'aller au cinéma.

e. Dürft / könnt / möchtet ihr etwas trinken?
Aimeriez-vous boire quelque chose ?

6 **Remettez les phrases dans l'ordre. Notez bien que certaines phrases sont des questions.**

können Berlin wir nach fahren

a. ....
....
....

Italien ich in möchte arbeiten

b. ....
....
....

wann essen möchtet ihr ?

c. ....
....
....

kommen ich nicht kann

d. ....
....
....

darf rauchen hier man ?

e. ....
....
....

7 **Sauriez-vous retrouver l'équivalent français de ces tournures allemandes ?**

1. Wer will, der kann. •	• **a.** S'il le faut
2. Es kann sein. •	• **b.** C'est possible.
3. Ich kann nicht mehr. •	• **c.** Je n'en peux plus.
4. Wenn es sein muss. •	• **d.** Quand on veut, on peut.

Bravo, vous êtes venu à bout du chapitre 14 ! Il est maintenant temps de comptabiliser les icônes et de reporter le résultat en page 128 pour l'évaluation finale.

15

Parfait

Emploi et conjugaison

	machen	fahren	sprechen
ich	habe... gemacht	bin... gefahren	habe... gesprochen
du	hast... gemacht	bist... gefahren	hast... gesprochen
er/sie/es	hat... gemacht	ist... gefahren	hat... gesprochen
wir	haben... gemacht	sind... gefahren	haben... gesprochen
ihr	habt... gemacht	seid... gefahren	habt... gesprochen
sie/Sie	haben... gemacht	sind... gefahren	haben... gesprochen

Le parfait est un temps composé qui correspond au passé composé français. Il sert à exprimer un événement accompli ayant un rapport avec le présent. Il se construit avec les auxiliaires **haben** ou **sein** + le participe passé du verbe. Pour de nombreux verbes, le participe passé se forme comme suit :

- **Verbes faibles : ge + radical de l'infinitif + (e)t → gemacht.** Il s'agit de verbes réguliers dont le radical de l'infinitif reste identique à tous les temps. Le **(e)** euphonique est rajouté notamment aux verbes dont le radical se termine par **-d** ou **-t** : baden → gebadet.
- **Verbes forts : ge + radical du verbe + en → gefahren/gesprochen.** Il s'agit de verbes irréguliers dont le radical de l'infinitif change au prétérit (voir p. 64) et, pour certains d'entre eux, au parfait également sprechen → **gesprochen.**
- **Attention !** Les verbes dont l'infinitif se termine par -**ieren** ou commence par la particule **ge-** (voir p. 92) forment leur participe passé sans **ge.** Exemple : telefon**ieren** → telefoniert *téléphoné* **ge**hören → **ge**hört *appartenu.*

Attention à **ge**hen → **gegangen** *allé* et **ge**ben → **gegeben** *donné*. Dans ces deux cas, **ge** n'est pas une particule : les participes passés sont donc formés sur **ge**. Ces verbes sont à mémoriser. Notez aussi les participes passés suivants : sein → **ge**we**sen** ; essen → **ge**gessen.

1 Complétez les phrases par le participe passé des verbes faibles suivants.

arbeiten / kaufen / schicken envoyer */*
kosten / fragen / studieren étudier */*
wohnen / haben

a. Ich habe eine Mail ....

b. Er hat .... , wann wir kommen.

c. Wir haben 5 Jahre in Berlin ....

d. Petra hat auch als *(comme)* Lehrerin ....

e. Es hat 50 Euros ....

f. Mein Bruder hat Medizin *(médecine)* ....

g. Wir haben Glück ....

h. Hast du Brot ....?

2 Complétez les phrases par les participes passés des verbes forts suivants.

geflogen (fliegen) / gegangen (gehen) / geblieben (bleiben) / gesehen (sehen) / geschrieben (schreiben) / geholfen (helfen)

a. Ich habe ihm einen langen Brief *(long)* ....

b. Wir haben gestern einen schönen Film ....

c. Danke, du hast mir sehr *(beaucoup)* ....

d. Wo ist Sabine? – Sie ist zur Bäckerei ....

e. Sie ist gestern nach New York ....

f. Die Kinder sind bei meinen Eltern ....

Les verbes pronominaux

On conjugue avec haben :

- **les verbes transitifs** (= avec un complément d'objet direct). Exemple : Ich habe das Buch gelesen. *J'ai lu le livre.*
- **les verbes intransitifs** exprimant un état, un processus qui dure, une position. Exemple : Ich habe lange geschlafen. *J'ai dormi longtemps.*
- Notez que **beginnen*/anfangen*** *commencer* et **aufhören*** *arrêter* sont considérés comme des verbes d'état : ich habe begonnen/angefangen/aufgehört.
- **les verbes pronominaux.** Exemple : Ich habe mich auf Platz 5 gesetzt. *Je me suis assis à la place 5.* (voir p. 88)

On conjugue avec sein :

- **les verbes intransitifs** exprimant un changement d'état/de lieu ou de mouvement. Exemple : Ich bin nach Hause gegangen. *Je suis allé à la maison.*
- **bleiben et sein**, bien qu'ils marquent un état. Exemple : er ist geblieben *il est resté* ; er ist gewesen *il a été.*

*verbe sans **ge**- ou **ge**- après la particule (voir p. 92)

3 Complétez par HABEN ou SEIN.

a. Ich .... in Hamburg geboren.
Je suis né à Hambourg.

b. Ich .... auf eine internationale Schule gegangen.
Je suis allé à une école internationale.

c. Ich .... Jura studiert.
J'ai étudié le droit.

d. Ich .... nach Rom umgezogen*.
J'ai déménagé à Rome.

e. Ich .... nicht viel gearbeitet.
Je n'ai pas beaucoup travaillé.

f. Aber ich .... eine hüsche Italienerin geheiratet.
Mais j'ai épousé une belle italienne.

g. Und wir .... viele Kinder bekommen.
Et nous avons eu (reçu) beaucoup d'enfants.

**Pour la formation du participe passé voir p. 94.*

4 Retrouvez les infinitifs des participes passés suivants. Pour les verbes forts, cherchez la racine commune.

a. nehmen *prendre* — **c. kommen** — **e. geben** — **g. trinken** — **b. schließen** *fermer* — **d. sagen** — **f. malen** *peindre* — **h. lernen**

1. gegeben → ....
2. gesagt → ....
3. getrunken → ....
4. genommen → ....
5. gelernt → ....
6. gekommen → ....
7. geschlossen → ....
8. gemalt → ....

Bravo, vous êtes venu à bout du chapitre 15 ! Il est maintenant temps de comptabiliser les icônes et de reporter le résultat en page 128 pour l'évaluation finale.

16 Prétérit

Emploi et conjugaison

	Verbe faible	Verbe fort	Haben	Sein	Verbe de modalité
	spielen	**sehen**	**haben**	**sein**	**müssen**
ich	spielte	sah	hatte	war	musste
du	spieltest	sahst	hattest	warst	musstest
er/sie/es	spielte	sah	hatte	war	musste
wir	spielten	sahen	hatten	waren	mussten
ihr	spieltet	saht	hattet	wart	musstet
sie/Sie	spielten	sahen	hatten	waren	mussten

À l'origine, le prétérit s'utilisait pour rapporter un événement passé et terminé. De nos jours, il est essentiellement utilisé à l'écrit ; à l'oral il est fréquemment remplacé par le parfait, sauf pour les **verbes de modalité** ainsi que pour **haben** et **sein**, où il est obligatoire. Il se forme comme suit :

- **Verbes faibles :** radical de l'infinitif + terminaisons du prétérit (en rouge).
- **Verbes forts :** radical du verbe au prétérit + terminaisons du prétérit (en rouge). Au prétérit, tous les radicaux des verbes forts présentent une alternance vocalique.
- **Haben et sein** ont une conjugaison irrégulière.
- **Verbes de modalité :** radical du verbe au prétérit + terminaisons du prétérit (en rouge). Les terminaisons sont les mêmes que pour les verbes faibles. Le radical des verbes de modalité peut quant à lui être soit le même qu'à l'infinitif, soit différent : sollen → ich sollte ; wollen → ich wollte ; mögen → ich mochte ; dürfen → ich durfte ; können → ich konnte.

1 Conjuguez au prétérit le verbe faible MACHEN et le verbe fort KOMMEN.

	ich	du	er/sie/es	wir	ihr	sie/Sie
Machen	machte					
Kommen	kam					

2 HEUTE ou FRÜHER *aujourd'hui* et *avant (dans le passé)* : mettez les phrases suivantes au prétérit. Il ne s'agit que de verbes faibles.

a. Heute heiratet man im Schnitt mit 30 Jahren, früher ...... man mit 25 Jahren.
Aujourd'hui on se marie en moyenne à 30 ans, avant on se mariait à 25 ans.

b. Heute schickst du Emails, früher .... du Briefe.
Aujourd'hui tu envoies des e-mails, avant tu envoyais des lettres.

c. Heute arbeiten wir mit dem Computer, früher .... wir nicht mit dem Computer.
Aujourd'hui nous travaillons avec l'ordinateur, avant nous ne travaillions pas avec l'ordinateur.

d. Heute kostet eine Kinokarte rund 9 Euros, früher .... sie 2/3 Euros.
Aujourd'hui une place de cinéma coûte environ 9 euros, avant elle coûtait environ 2/3 euros.

e. Heute zahlt ihr in Euros, früher .... ihr in Deutschmark.
Aujourd'hui vous payez en euros, avant vous payiez en Deutschmarks.*

f. Heute studieren viele Frauen, früher .... wenige Frauen.
Aujourd'hui beaucoup de femmes étudient, avant peu de femmes étudiaient.

g. Heute wohnen viele Leute in der Stadt, früher ....viele Leute auf dem Land.
Aujourd'hui beaucoup de gens habitent en ville, avant beaucoup de gens habitaient à la campagne.

*Deutschmark : monnaie allemande avant l'euro.

3 **Mots-croisés : malgré le changement de radical, l'infinitif et le prétérit gardent toujours une racine commune. Essayez de déduire l'infinitif.**

Verticale :

3C ging
5D gab
8E kam
10D sah

Horizontale :

1E fuhr
5H nahm
2J blieb

4 **Complétez les phrases par HABEN ou SEIN au présent ou au passé.**

a. Früher .... ich jung und ....kein Geld.

b. Heute .... ich Geld, aber ich .... alt.

c. Früher .... du keine Arbeit, nur Zeit, viel Zeit.

d. Heute .... du eine Arbeit, aber keine Zeit.

e. Früher .... ihr nichts, aber ihr .... frei (*libre*) und .... viele Pläne. (*beaucoup de projets*).

f. Heute .... ihr viel Geld.

g. Aber .... ihr frei (*libre*) und .... ihr noch (*encore*) viele Pläne?

5 **Complétez les phrases par les verbes de modalité au prétérit.**

können

a. Wir .... leider *(malheureusement)* nicht kommen.

dürfen

b. Mit 16 Jahren .... man nicht Auto fahren.

mögen

c. Früher .... ich keinen Wein.

sollen

d. Ihr .... eurer kleinen Schwester helfen.

wollen

e. Ich .... immer Pilot werden. *(devenir pilote)*

müssen

f. Ihr .... um 6 Uhr aufstehen. *(se lever)*

6 **Reliez les adjectifs à leur contraire. Attention, pour un adjectif, il existe 2 contraires.**

1. jung •	• **a.** groß
2. arm •	• **b.** alt
3. neu •	• **c.** reich
4. klein •	• **d.** warm
5. kalt •	

Bravo, vous êtes venu à bout du chapitre 16 ! Il est maintenant temps de comptabiliser les icônes et de reporter le résultat en page 128 pour l'évaluation finale.

17 Futur I

Emploi et conjugaison

ich	du	er/sie/es	wir	ihr	sie/Sie
werde... machen	wirst... machen	wird... machen	werden... machen	werdet... machen	werden... machen

- Le futur I, futur simple en français, est un temps composé avec l'auxiliaire **werden** et il se construit comme suit. Notez que **werden** n'a pas d'équivalent grammatical en français.
- **Futur I. Auxiliaire werden au présent de l'indicatif + infinitif du verbe** en fin de phrase : Wir werden mit der Schule einen Ausflug machen. *Nous ferons une excursion avec l'école.*
- Toutefois, l'emploi du futur est moins fréquent en allemand qu'en français. Si un complément de la phrase ou bien le contexte général indique qu'il s'agit du futur, l'allemand utilisera plutôt le présent de l'indicatif.
Exemple : Am Sonntag machen wir einen Ausflug mit der Schule. *Dimanche, nous faisons une excursion avec l'école.*

1 Voici une liste de verbes à l'infinitif. Mémorisez les nouveaux verbes et traduisez les verbes déjà étudiés.

a. besuchen → *rendre visite*

b. anrufen → *téléphoner*

c. kaufen → ....

d. treffen → *rencontrer*

e. fahren → ....

f. schneien → *neiger*

g. kommen → ....

h. arbeiten → ....

2 Construisez ces phrases au futur I en conjuguant les verbes.

a. ein Auto kaufen
→ Ich ....

b. eure Tante besuchen
→ Ihr ....

c. dich anrufen
→ Er ....

d. gut arbeiten
→ Wir ....

e. nach Berlin fliegen
→ Du ....

3 Complétez soit par la version au présent de l'indicatif soit par la version au futur, comme dans cet exemple :

Exemple : Es wird regnen. (*pleuvoir*) → Morgen regnet es.

a. Es wird schneien.
→ Morgen ....

b. Ich werde ans Meer fahren.
→ Im Juli ....

c. ....
→ Am Montag komme ich.

d. ....
→ Bald (*bientôt*) treffen wir ihn.

Werden

En plus de sa fonction d'auxiliaire, **werden** peut aussi être employé comme verbe. Il se conjugue comme l'auxiliaire et se traduit alors par les verbes *devenir* ou *être* au futur, ou bien par des tournures comme *il commence à/il va faire, il y aura.*

4 Reliez les phrases suivantes avec leur traduction.

1. Es wird kalt. •
2. Sie wird hübsch. •
3. Er wird wie sein Vater. •
4. Er wird zwanzig. •
5. Er wird groß. •

- **a.** Il sera grand.
- **b.** Il va faire froid.
- **c.** Il va avoir vingt ans.
- **d.** Il devient comme son père.
- **e.** Elle sera belle.

Les métiers

- Er will Lehrer werden. *Il veut devenir professeur.*
  Sie will Lehrerin werden. *Elle veut devenir professeur.*
- Notez que les noms de métiers féminins se forment à partir du masculin + suffixe **-in**.
- Exception : der Arzt / die **Ä**rztin où il faut ajouter l'inflexion.

5 Voici plusieurs métiers. Indiquez le féminin ou le masculin selon le cas. Aucun des noms ne prend d'inflexion.

a. Er will Architekt werden. *(architecte)* ....

b. Sie will Ingenieurin werden. *(ingénieur)* ....

c. Er will Musiker werden. *(musicien)* ....

d. Sie will Informatikerin werden. *(informaticienne)* ....

e. Er will Journalist werden. *(journaliste)* ....

f. Sie will Malerin werden. *(peintre)* ....

6 Mots-croisés : inscrivez les jours de la semaine et des mois.

Verticale :
A13 décembre
C12 septembre
D2 juin
D9 mai
F3 février
F11 mercredi
I1 lundi
J16 août
K10 vendredi
M9 juillet
N18 octobre

Horizontale :
2H novembre
4B jeudi
7C janvier
9D mars
11I avril
13A mardi
16E dimanche
20J samedi

Bravo, vous êtes venu à bout du chapitre 17 ! Il est maintenant temps de comptabiliser les icônes et de reporter le résultat en page 128 pour l'évaluation finale.

18

Syntaxe - ordre des compléments

Formation

- Plusieurs verbes peuvent se construire avec un complément accusatif et datif en même temps, comme **jemandem etwas schreiben** *écrire quelque chose à quelqu'un.*
  Dans ce cas, l'ordre des compléments varie selon s'il s'agit de substantifs ou de pronoms.
- Un groupe nominal datif précède un groupe nominal accusatif.
  Exemple : Ich erkläre der Dame den Weg. *J'explique le chemin à la dame.*
- Un pronom accusatif précède un pronom datif.
  Exemple : Ich erkläre ihn ihr. *Je le lui explique.*
- Un pronom précède un groupe nominal quel que soit le cas.
  Exemple : Ich erkläre ihn der Frau. /Ich erkläre ihr den Weg. *Je l'explique à la dame./Je lui explique le chemin.*
- Vous remarquerez que contrairement au français, le verbe conjugué est toujours en deuxième position.
- Voici des verbes pouvant se construire en même temps avec un accusatif et un datif :

empfehlen *conseiller*
erklären *expliquer*
erzählen *raconter*
geben *donner*
kaufen *acheter*
leihen *prêter*
sagen *dire*
schenken *offrir*
schicken *envoyer*
schreiben *écrire*
wünschen *souhaiter*
zeigen *montrer*

1 Complétez les phrases allemandes par les verbes soulignés.

a. Ich.. ihm ein Buch .
Je lui achète un livre.

b. Er .... seinem Vater einen Brief.
Il écrit une lettre à son père.

c. Ich .... dir mein Fahrrad.
Je te prête mon vélo.

d. Der Vater .... seinem Sohn die Übung.
Le père explique l'exercice à son fils.

2 Remettez ces éléments de phrase dans l'ordre, en commençant par le sujet.

dem Jungen
wir schenken
eine Uhr
(montre)

a. Wir ....
....
....

sie wir
dem Jungen
schenken

b. Wir ....
....
....

leihe ich
dem Kind
den Ball
(balle)

c. Ich ....
....
....

leihe ich
ihn
ihm

d. Ich ....
....
....

leihe den Ball
ich ihm

e. Ich ....
....
....

3 Reprenez ces phrases en remplaçant les compléments soulignés par un pronom personnel et modifiez si nécessaire la syntaxe.

Exemple : Kauf dem Kind <u>das Buch</u>! → Kauf <u>es</u> dem Kind!

a. Gib <u>dem Mann</u> das Geld!

....

b. Gib dem Mann <u>das Geld</u>!

....

c. Gib <u>dem Mann</u> <u>das Geld</u>!

....

d. Erklär mir <u>die Übung</u>!

....

e. Erklär <u>deiner Schwester</u> die Übung!

....

4 **Complétez les phrases en déclinant les groupes nominaux/pronoms suivants à l'accusatif ou au datif selon le cas.**

Exemple : du/der Wagen → Ich leihe dir den Wagen.

a. eine lange Mail *(mail)* / der Lehrer

→ Ich schreibe ....

b. du/ein Brief

→ Morgen schickt er ....

c. die Kinder/ein neuer Ball

→ Die Mutter kauft ....

d. ich/es

→ Er schenkt ....

e. deine Mutter/ein Selfy **(N)**

→ Wir schicken ....

5 **Reliez les débuts de phrases avec les fins de phrases leur correspondant.**

1. Ich empfehle dir •
2. Ich schenke ihm •
3. Ich wünsche dir •
4. Der Lehrer erklärt den Schülern •
5. Wir zeigen den Freunden •

• **a.** Schokolade. *(chocolat)*

• **b.** die Übung.

• **c.** dieses Hotel. *(hôtel)*

• **d.** die Stadt. *(ville)*

• **e.** schöne Ferien. *(bonnes vacances)*

6 **Posez les questions auxquelles répondent les groupes nominaux soulignés en utilisant WER, WEM ou WAS.**

Exemple : Sabine empfiehlt ihm <u>diesen Wein</u>. – <u>Was</u> empfiehlt ihm Sabine?

a. Sie schreibt <u>ihrer Mutter</u> eine Mail.

→ ....

b. <u>Er</u> schreibt seiner Mutter eine Mail.

→ ....

c. Sie schreibt ihrer Mutter <u>eine Mail</u>.

→ ....

Formuler des vœux

- Ich wünsche dir alles Gute zum Geburtstag. *Je te souhaite un joyeux anniversaire.* (Littéralement, *tout bon pour l'anniversaire.*)
- Viel Glück! *Bonne chance !* (Littéralement, *beaucoup de chance* !)
- Frohe Weihnachten! *Joyeux Noël !*
- Ein frohes neues Jahr! *Une bonne année !* (Littéralement, *une joyeuse nouvelle année* !)

7 **Traduisez les vœux suivants.**

a. Je vous souhaite un joyeux anniversaire. (vouvoiement)

→ ....

b. Il te souhaite bonne chance.

→ ....

c. Nous vous souhaitons un joyeux Noël. (tutoiement pluriel)

→ ....

d. Je vous souhaite une bonne année. (tutoiement pluriel)

→ ....

Bravo, vous êtes venu à bout du chapitre 18 ! Il est maintenant temps de comptabiliser les icônes et de reporter le résultat en page 128 pour l'évaluation finale.

19

Syntaxe – principale/subordonnée

Formation

La syntaxe allemande est très complexe. Abordez-la en premier lieu comme un jeu de construction, sans chercher aucune ressemblance avec le français. En voici les grandes lignes :

- **Proposition principale.** Excepté dans une interrogative sans pronom interrogatif, le verbe conjugué occupe toujours la 2e place. Si la phrase commence par un complément, le sujet se place alors derrière le verbe conjugué.

  Ich fahre morgen nach Berlin.
  ⟷ Morgen fahre ich nach Berlin.

  Ich möchte morgen nach Berlin fahren.
  ⟷ Morgen möchte ich nach Berlin fahren.

  Ich bin gestern nach Berlin gefahren.
  ⟷ Gestern bin ich nach Berlin gefahren.

1 Réécrivez les phrases avec les mots soulignés en tête.

a. Paul und Sabine arbeiten heute nicht.
➜ Heute ....

b. Du darfst hier nicht rauchen.
➜ ....

c. Der Film hat um 8 Uhr angefangen.
➜ ....

d. Ich sage dir nichts. *(rien)*
➜ ....

2 **Remettez les termes dans l'ordre en commençant la phrase par le sujet, puis continuez avec le complément.**

Exemple : arbeitet / Paul / nicht / heute → Paul arbeitet heute nicht./Heute arbeitet Paul nicht.

a. können / am Mittwoch / meine Eltern / kommen

→ .... / ....

b. nach Wien / er / morgen / fahren / will

→ .... / ....

c. können / vielleicht *(peut-être)* / wir / kommen

→ .... / ....

Syntaxe de la subordonnée

Elle est introduite par une conjonction de subordination comme **weil** *car*, **dass** *que*, **wenn** *si*, etc., suivie du sujet. Le verbe conjugué est, quant à lui, rejeté en fin de phrase. Regardez les exemples suivants et notez la présence impérative de la virgule entre la principale et la subordonnée.

Principales	Subordonnées
Er **arbeitet** morgen.	→ Er sagt, **dass er** morgen **arbeitet**.
Er **hat** gestern gearbeitet.	→ Er sagt, **dass er** gestern gearbeitet **hat**.
Er **möchte** morgen kommen.	→ Er sagt, **dass er** morgen kommen **möchte**.

3 **Transformez comme ci-dessus les principales en subordonnées introduites par : « Er sagt, dass... *Il dit que...* » ou « Er kommt nicht, weil... *Il ne vient pas car...* ».**

Exemple : Er ist krank. → Er kommt nicht, weil er krank ist.

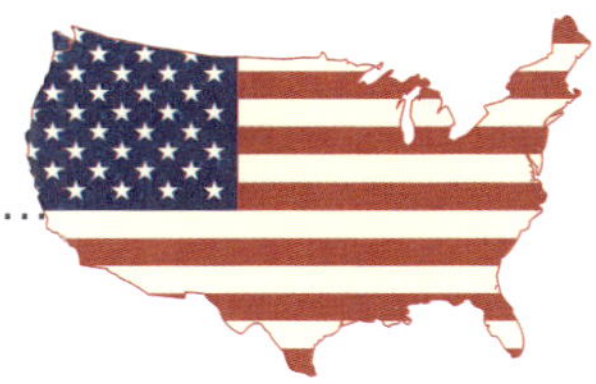

a. Er hat keine Zeit.

→ Er kommt nicht, weil..

b. Er möchte im Juli in die USA fliegen.

→ Er sagt, dass..

c. Er muss morgen arbeiten.

→ Er kommt nicht, weil..

d. Er hat gut geschlafen.

→ Er sagt, dass..

Proposition subordonnée en tête de phrase

- Cette construction est fréquente en allemand, surtout avec la subordonnée conditionnelle introduite par **wenn** *si*.
- Dans ce cas, le sujet et le verbe conjugué de la principale sont inversés ; la subordonnée, quant à elle, ne change pas. Là aussi, il faut une virgule.

Exemples :
Er kommt morgen, wenn er keine Arbeit hat.
⟷ Wenn er keine Arbeit hat, **kommt er** morgen.
Il vient demain, s'il n'a pas de travail.
⟷ *S'il n'a pas de travail, il vient demain.*

Er kann morgen kommen, wenn er keine Arbeit hat.
⟷ Wenn er keine Arbeit hat, **kann er** morgen kommen.
Il peut venir demain, s'il n'a pas de travail.
⟷ *S'il n'a pas de travail, il peut venir demain.*

4 **Commencez les phrases par la subordonnée et inversement.**

a. Ich fahre mit dem Zug, wenn es Stau gibt.
(s'il y a du trafic)
⟷ ....

b. Ich schreibe dir, wenn ich eine Antwort habe.
⟷ ....

c. Wenn du nach München kommst, kannst du bei Petra wohnen.
⟷ ....

d. Wenn ich viel Geld habe, kaufe ich ein neues Auto.
⟷ ....

e. Meine Mutter kommt, wenn sie Zeit hat.
⟷ ....

Ob/wenn et denn/weil

Attention à ne pas confondre **ob** avec **wenn** et **denn** avec **weil** :

- **ob** *si* exprime une interrogation indirecte qui sous-entend **oder nicht** *ou pas*. Exemple : Er fragt, ob sie kommt. *Il demande si elle vient.*
- **wenn** exprime une condition. Exemple : Wenn sie kommt, komme ich auch. *Si elle vient, je viens aussi.*

5 Es regnet! *Il pleut !* Complétez par WENN ou OB.

a. Weißt du, ... es morgen regnet.

b. .... es morgen regnet, weiß ich nicht.

c. Aber .... es morgen regnet, bleibe ich zu Hause. *(à la maison)*

d. Ich weiß nicht, ... ich morgen zu Hause bleibe, ... es regnet.

e. Und Sie? Wissen Sie, ... es morgen regnet?

Weil et denn

- **Weil** se traduit par *car/parce que* ; il s'agit d'une conjonction de subordination. Le verbe conjugué est donc rejeté en fin de subordonnée. Exemple : Ich komme nicht, weil ich heute viel Arbeit habe.
- **Denn** se traduit aussi par *car/parce que*, mais il s'agit d'une conjonction de coordination. Le verbe se place donc derrière le sujet. Exemple : Ich komme nicht, denn ich habe heute viel Arbeit.

6 Es ist warm! *Il fait chaud !* Es ist kalt! *Il fait froid !* (Littéralement : *Il est...*) Remplacez DENN par WEIL et inversement.

a. Er bleibt zu Hause, weil es kalt ist. ➜ ....

b. Er kommt nicht, denn es ist warm. ➜ ....

c. Ich komme nicht, denn es ist sehr *(très)* kalt. ➜ ....

Bravo, vous êtes venu à bout du chapitre 19 ! Il est maintenant temps de comptabiliser les icônes et de reporter le résultat en page 128 pour l'évaluation finale.

20

Accusatif/datif – prépositions mixtes

Emploi et déclinaisons

an	auf	hinter	in	neben	über	unter	vor	zwischen
près de	*sur*	*derrière*	*dans / en*	*à côté de*	*au-dessus de*	*sous*	*devant*	*entre*

Ces prépositions sont dites mixtes car, selon le contexte, elles se construisent avec l'accusatif ou le datif.

- **Accusatif.** Lorsqu'elles indiquent un **directionnel/changement de lieu**, on les construit avec l'accusatif. Il s'agit d'une réponse à la question **wohin**.
  Exemple : Wohin gehst du? *Où vas-tu ?* – Ich gehe in den Garten. *Je vais dans le jardin.*
- **Datif.** Lorsqu'elles indiquent un **locatif**, on les construit avec le datif. Il s'agit d'une réponse à la question **wo**.
  Exemple : Wo bist du? *Où es-tu ?* – Ich bin im (= in dem) Garten. *Je suis dans le jardin.*
- Il y a plusieurs contractions possibles avec les articles **das** et **dem**, notamment dans les cas suivants : an + das → **ans** ; an + dem → **am** ; auf + das → **aufs** ; in + das → **ins** ; in + dem → **im**.
- Remarque : en général, vous emploierez la même préposition en allemand qu'en français (voir exemples ci-contre) mais, dans certains cas, le complément allemand se construit avec une autre préposition. C'est le cas par exemple pour *aller à l'école* in die Schule gehen *(Littéralement : aller dans l'école)*. Il s'agit là des spécificités propres à chaque langue et elles sont à mémoriser.

1 Entourez la bonne réponse.

a. Er geht **in die / in der** Stadt.
Il va en ville.

b. Wir gehen **ins / im** Kino.
Nous allons au cinéma.

c. Er schläft **ins / im** Hotel.
Il dort à l'hôtel.

d. Er ist **ans / am** Telefon.
Il est au téléphone.

e. Er wohnt **in die / in der** Schweiz.
Il habite en Suisse.

f. Fahrt ihr **ans / am** Meer?
Vous allez à la mer ?

La maison

- die Küche *la cuisine*
- das Schlafzimmer *la chambre*
- das Wohnzimmer *le séjour*
- das Badezimmer *la salle de bains*

2 Traduisez les phrases suivantes en employant la préposition IN.

a. Je vais dans la salle de bains.
→ ....

b. Ton livre est dans la chambre.
→ ....

c. Mon amie dort dans le séjour.
→ ....

d. Viens dans la cuisine !
→ ....

e. Ne va pas dans la chambre !
→ ....

Verbes de position

On distingue quatre positions et à chacune d'elles correspondent deux verbes. L'un indique **la position dans laquelle on se met/on met quelque chose** et se construit avec **l'accusatif** ; l'autre indique **la position dans laquelle on est/est quelque chose** et se construit avec le **datif**. Pour traduire ces nuances, le français a recours au mode actif pour exprimer le directionnel et au mode passif pour exprimer le locatif. Notez que le tableau qui suit se limite à l'infinitif et au participe passé de chacun de ces verbes.

Verbes construits avec l'accusatif	Verbes construits avec le datif
stellen/gestellt *poser/se mettre (à la verticale)*	**stehen/gestanden** *être posé (à la verticale)/debout*
legen/gelegt *poser à plat/se coucher*	**liegen/gelegen** *être posé (à plat)/couché*
setzen/gesetzt *(s')asseoir*	**sitzen/gesessen** *être assis*
hängen/gehängt *accrocher/suspendre*	**hängen/gehangen** *être accroché/suspendu*

- **stellen/stehen** : Er stellt die Lampe auf den Tisch. *Il pose la lampe sur la table.* Die Lampe steht auf dem Tisch. *La lampe est posée sur la table.*
- **legen/liegen** : Er legt den Zettel auf den Tisch. *Il pose le papier sur la table.* Der Zettel liegt auf dem Tisch. *Le papier est posé sur la table.*
- **(sich) setzen*/sitzen** : Ich setze mich auf die Bank. *Je m'assieds sur le banc.* Ich sitze auf der Bank. *Je suis assis sur le banc.*
- **hängen** : Er hängt das Bild an die Wand. *Il accroche le tableau au mur.* Das Bild hängt an der Wand. *Le tableau est accroché au mur.* Vous noterez que ces verbes sont homonymes au présent.

* Verbes pronominaux, voir p. 88

3 **Im Bett liegen signifie *être couché* (Littéralement: être allongé dans le lit). Traduisez les phrases suivantes selon l'exemple : Er liegt im Bett. *Il est couché.***

a. Es-tu couché ?
→ ....

b. Oui, je suis couché.
→ ....

c. Nous sommes couchés.
→ ....

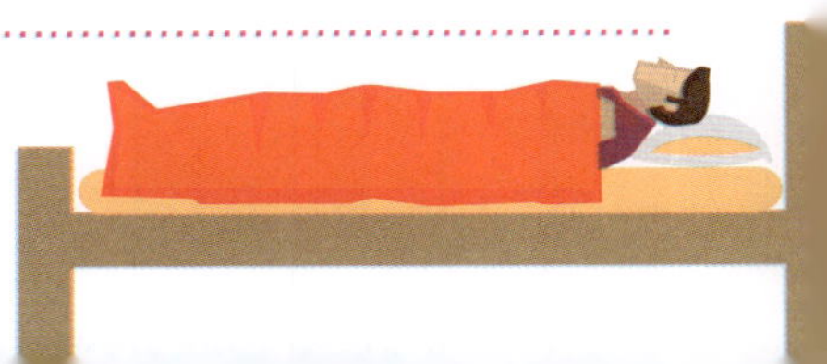

4 Entourez la bonne réponse.

a. Wohin soll ich den Stuhl **stellen / stehen / legen**?

b. Wo **sitzt / setzt / hängst** du? – Ich **setze / hänge / sitze** auf Platz 10.

c. Kann ich meinen Mantel in den Schrank **sitzen / hängen / stellen**?

d. Paul **sitzt / steht / liegt** krank im Bett.

e. Hast du die Vase *(vase)* auf den Tisch **gelegt / gestellt / gesessen**?

f. Wo **hängt / sitzt / liegt** mein Pass *(passeport)*?
– Ich habe ihn neben das Telefon **gelegt / gelegen / gestellt**.

5 Der Bierkrug *la chope de bière*. Sans revenir en arrière, reliez chaque phrase à un dessin.

1. Der Bierkrug steht auf dem Tisch.

2. Der Bierkrug steht unter dem Tisch.

3. Der Bierkrug steht vor dem Tisch.

4. Der Bierkrug steht hinter dem Tisch.

5. Der Bierkrug steht neben dem Tisch.

6. Der Bierkrug steht zwischen dem Tisch und dem Stuhl.

a.

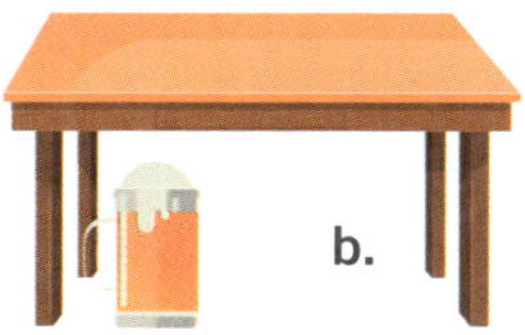
b.

c.

d.

e.

f.

Bravo, vous êtes venu à bout du chapitre 20 ! Il est maintenant temps de comptabiliser les icônes et de reporter le résultat en page 128 pour l'évaluation finale.

21

Génitif

Emploi et déclinaison

	Article défini	Article indéfini	Sans article
Masculin	des jungen Mannes	eines jungen Mannes	jungen Mannes
Féminin	der jungen Frau	einer jungen Frau	junger Frau
Neutre	des jungen Mädchens	eines jungen Mädchens	jungen Mädchens
Pluriel	der jungen Männer/ Frauen/Mädchen	junger Männer/Frauen/ Mädchen	junger Männer/Frauen/ Mädchen

- Le génitif sert à exprimer la possession/ l'appartenance.
- Une de ses caractéristiques est le **-s** final au masculin et neutre singulier, ou le **-es** pour la grande majorité des monosyllabes et des noms se terminant déjà par **-s.**

Exemples : das Buch des Lehrers *le livre du professeur* ; das Buch des Mannes *le livre du monsieur.*

1 **Mettez le deuxième terme au génitif.**
Exemple : das Buch – der Lehrer → das Buch des Lehrers.

a. das Buch – die Frau
→ ....

b. das Buch – das kleine Mädchen
→ ....

c. die Eltern – die Kinder
→ ....

d. die Adresse – ein gutes Restaurant
→ ....

e. das Buch – die Kinder
→ ....

f. der Stock *(canne)* – eine alte Frau
→ ....

g. der Preis *(prix)* – alte Häuser
→ ....

Wessen...

Le pronom interrogatif *de qui* correspond à **wessen** au génitif. Wessen Buch ist das? *De qui est le livre ? (Littéralement : De qui livre est ça ?)* Das ist das Buch des Lehrers. Notez bien la construction de la phrase interrogative.

2 **Formulez les questions au génitif qui correspondent aux affirmations suivantes.**
Exemple : Das ist das Auto meiner Mutter. Wessen Auto ist das?

a. Das ist der Schlüssel meines Vaters.
→ ....

b. Das ist der Hut meines Großvaters.
→ ....

c. Das ist die Hose meines Bruders.
→ ....

von + datif

Dans le langage parlé, le génitif tend à se perdre ; il est souvent remplacé par **von** et est **suivi du complément au datif.** Pour **von dem**, on emploie généralement la forme contractée **vom**.
Exemples : das Buch **vom dem/vom** Lehrer ; das Buch **von der** Lehrererin.

3 Exprimez la possession avec VON ou VOM quand c'est possible.

a. das Buch des Mannes ➜ ....

b. die Eltern des Kindes ➜ ....

c. das Haus ihrer Freundin ➜ ....

d. das Auto meiner Eltern ➜ ....

wegen *à cause de* et während *pendant*

Suivies à l'origine du génitif, les prépositions wegen, *à cause de* et während *pendant*, se construisent aujourd'hui de plus en plus avec le datif dans le langage parlé.

Transposez ces propositions au génitif.

wegen dem schlechten Wetter ➜ ....

während dem Film ➜ ....

während dem Kurs ➜ ....

wegen seinem Bruder ➜ ....

Génitif saxon

- À l'origine, il était utilisé avec tous les noms, mais aujourd'hui, il se limite essentiellement aux noms propres.
- Il se forme comme suit : der Vater von Paul *le père de Paul* → Pauls Vater. Le nom passe en tête et prend un **-s** final tandis que le groupe nominal auquel il se rapporte perd son article.
- Par contre, les noms propres qui se terminent déjà en **-s** ne prennent **pas de marque supplémentaire**.
  Exemple : der Vater von Hans *le père de Hans* → Hans Vater.

5 **Transposez ces propositions au génitif saxon et inversement.**

a. die Mutter von Sabine → ....

b. Luis Eltern → ....

c. Evas Mutter → ....

d. der Bruder von Paula → ....

Bravo, vous êtes venu à bout du chapitre 21 ! Il est maintenant temps de comptabiliser les icônes et de reporter le résultat en page 128 pour l'évaluation finale.

22

Verbes pronominaux

Formation

Accusatif	Datif	Pronominal au pluriel
sich setzen *s'asseoir*	**sich die Hände waschen** *se laver les mains*	**sich treffen** *se rencontrer*
ich setze **mich**	ich wasche **mir** die Hände	---
du setzt **dich**	du wäschst **dir** die Hände	---
er/sie/es setzt **sich**	er/sie/es wäscht **sich** die Hände	---
wir setzen **uns**	wir waschen **uns** die Hände	wir treffen **uns**
ihr setzt **euch**	ihr wascht **euch** die Hände	ihr trefft **euch**
sie/Sie setzen **sich**	sie/Sie waschen **sich** die Hände	sie/Sie treffen **sich**

- Comme en français, les verbes pronominaux se construisent avec un pronom réfléchi. À chaque personne correspond un pronom réfléchi spécifique (voir ci-dessus) dont voici la règle :
  - Pronom réfléchi à l'accusatif lorsque le groupe verbal est juste constitué du pronom réfléchi ;
  - Pronom réfléchi au datif lorsque le groupe verbal comporte déjà un complément d'objet direct.
- Vous remarquerez que les pronoms réfléchis sont les mêmes que les pronoms personnels exceptés à la 3e personne du singulier et du pluriel.
  Notez aussi que certains verbes (dits pronominaux réciproques) sont pronominaux seulement au pluriel.
- Par ailleurs, un verbe peut être pronominal en allemand, mais pas en français, et inversement.
  Exemples :
  - aufstehen *se lever*
  → ich stehe auf, du stehst auf...
  je me lève, tu te lèves...
  - sich ändern *changer*
  → ich ändere mich, du änderst dich...
  je change, tu changes...
- Souvenez-vous que les verbes pronominaux construisent leur parfait avec l'auxiliaire **haben** *avoir.*

1 Complétez par le pronom réfléchi adéquat.

a. Ich freue .... *(se réjouir)*

b. Wir treffen .... gleich. *(tout de suite)*

c. Freut er ....auch ?

d. Ja, er freut .... auch.

e. Liebt ihr ....?

f. Ja, wir lieben .... Leise er kommt.

g. Oh! Sie küssen .... *(s'embrasser)*

2 Traduisez les phrases suivantes en vous aidant des exemples.

Er wäscht sich. *Il se lave.*

a. → ....

Tu te laves.

Ich ziehe mich an. *Je m'habille.*

b. → ....

Les enfants s'habillent.

Du putzt dir die Zähne. *Tu te brosses les dents.*

c. → ....

Nous nous brossons les dents.

3 Complétez par le pronom réfléchi adéquat.

a. Ich kaufe .... ein neues Auto.

b. Kaufst du .... auch ein neues Auto?

c. Er macht .... schnell *(vite)* einen Kaffee.

Impératif des verbes pronominaux

Setz dich!
Assieds-toi !

Setzt euch!
Asseyez-vous ! (tutoiement)

Setzen Sie sich!
Asseyez-vous ! (vouvoiement)

Wasch dir die Hände!
Lave-toi les mains !

Wascht euch die Hände!
Lavez-vous les mains ! (tutoiement)

Waschen Sie sich die Hände!
Lavez-vous les mains ! (vouvoiement)

Contrairement au français où **te/t'** devient **toi** à l'impératif. Les pronoms réfléchis ne changent pas en allemand.

4 En vous appuyant sur les exemples ci-dessus, conjuguez les verbes suivants à l'impératif.

sich beeilen *se dépêcher*	**sich die Zähne putzen** *se brosser les dents*

5 Mots croisés : traduisez les verbes suivants à l'infinitif.

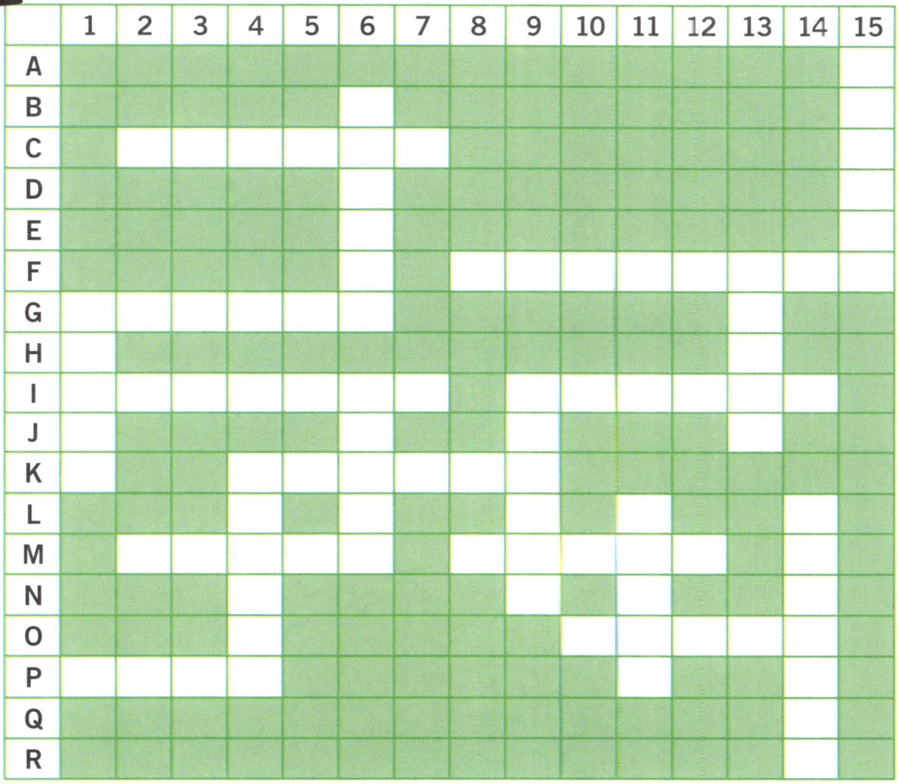

Verticale :
1G lire
4K habiter
6B prendre
6I manger
9I connaître
11L poser (à plat)
13F avoir
14L boire
15A acheter

Horizontale :
C2 coûter
F8 parler
G1 aimer
I1 jouer
I9 venir
K4 savoir
M2 aller
M8 donner
O10 voir
P1 être

Bravo, vous êtes venu à bout du chapitre 22 ! Il est maintenant temps de comptabiliser les icônes et de reporter le résultat en page 128 pour l'évaluation finale.

23

Verbes à particules

Formation

Il existe 3 groupes de particules : **inséparables**, **séparables** et **mixtes** (voir p. 94).

	Infinitif	Présent	Prétérit	Parfait
Inséparables	beginnen *commencer*	beginnt	begann	hat… begonnen
Séparables	ankommen *arriver*	kommt... an	kam... an	ist… angekommen

Particules inséparables

- Comme leur nom l'indique, les particules **be-, emp-, ent-, er-, ge-, miss-, ver-, zer-.** ne se détachent jamais du verbe, et le participe passé ne prend pas de **ge-** → Hat der Film schon begonnen? *Est-ce que le film a déjà commencé ?* – Nein, er beginnt jetzt. *Non, il commence maintenant.*

- Notez le moyen mnémotechnique suivant :
« Cerbère (zer-, be-, er-)
gémit (ge-, miss-)
en (emp-)
enfer (ent-, ver-). »

- **Quelques verbes** :

bekommen /
hat… bekommen
recevoir

bezahlen /
hat… bezahlt
payer

empfehlen /
hat… empfohlen
recommander

erklären /
hat… erklärt
expliquer

erlauben /
hat… erlaubt
permettre

erzählen /
hat… erzählt
raconter

gewinnen /
hat… gewonnen
gagner

sich entschuldigen /
hat sich… entschuldigt
s'excuser

vergessen /
hat… vergessen
oublier

verstehen /
hat… verstanden
comprendre

1 **Complétez les phrases par un des verbes de la liste ci-contre à l'infinitif, au présent ou au parfait.**

a. Das ist schwer (*difficile*). Ich .... das nicht. Kannst du es mir ....?

b. Wir haben 5 zu 1 (*5 à 1*) .... – Super!

c. Habe ich Post (*courrier*) ....?

d. Wie viel hast du für das Kino ... .?

e. Hast du dich für die Verspätung ....?(*retard*)

f. Was .... Sie mir? Rotwein oder Weißwein? (*vin rouge ou vin blanc*)

Particules séparables

- Elles sont nombreuses. C'est notamment le cas de **an-, aus-, mit-, zurück-,** etc. Dans le cas d'un temps simple (présent de l'indicatif, impératif, prétérit, etc.), elles se séparent du verbe et sont rejetées en fin de phrase.
  Exemple : Er kommt um 15 Uhr an. *Il arrive à 15 heures.*
- Dans le cas d'un **participe passé**, le **ge-** se place entre la particule séparable et le verbe ; en d'autres termes, la particule séparable se trouve en tête
  → Er ist um 15 Uhr angekommen. *Il est arrivé à 15 heures.*

- **Quelques verbes** :

anfangen / hat... **an**ge**fangen** *commencer*

anmachen / hat... **an**ge**macht** *allumer*

anrufen / hat... **an**ge**rufen** *appeler*

aufhören / hat... **auf**ge**hört** *arrêter*

aufmachen / hat... **auf**ge**macht** *ouvrir*

aussteigen / ist... **aus**ge**stiegen** *descendre (du bus, train, etc.)*

einkaufen / hat... **ein**ge**kauft** *acheter/faire les courses*

einladen / hat... **ein**ge**laden** *inviter*

losfahren / ist .. **los**ge**fahren** *démarrer*

zumachen / hat... **zu**ge**macht** *fermer*

2 **Complétez les phrases par un des verbes page 93 à l'infinitif, à l'impératif ou au parfait.**

a. Ich habe das Fenster ....! Es ist kalt.

b. Sabine hat uns zu ihrer Party *(fête)*............................

c. Kannst du bitte *(s'il te plaît)* die Tür *(la porte)*..............
.... ? Es hat geklingelt. *(On a sonné.)*

d. Es ist so dunkel *(sombre)* hier. ....
bitte das Licht *(lumière)* ....!

e. Habt ihr alles .... ?
– Bier, Wein, Chips...

f. Schnell! Der Film hat schon ....

Les particules mixtes

- **durch-, über-, unter-, um-, voll** et **wieder.** Il s'agit là d'une subtilité de la langue allemande et la règle est relativement complexe. Notez juste que ces particules ont, selon le verbe, les caractéristiques des particules séparables ou inséparables.
  Exemples : Die Sonne geht um 20 Uhr unter. *Le soleil se couché à 20 heures.*
  Die Sonne ist um 20 Uhr untergegangen. *Le soleil s'est couché à 20 heures.*
  Ich unterschreibe auch den Brief. *Je signe aussi la lettre.*
  Ich habe auch den Brief unterschrieben. *J'ai aussi signé la lettre.*

umfahren /
hat... umfahren
contourner

umsteigen /
ist... umgestiegen
changer (de bus, train, etc)

wiederholen /
hat... wiederholt
répéter

wiedersehen /
hat... wiedergesehen
revoir

3 **Complétez les phrases par un des verbes ci-contre au présent ou à l'impératif.**

a. Bitte .... Sie Ihren Namen!

b. .... Sie die Stadt! Es gibt viel Verkehr *(circulation)*.

c. Ich habe ihn nach 10 Jahren ....

d. Wo seid ihr ....? – In Bonn.

Les particules séparables hin et her

- La particule **hin** indique généralement un mouvement à partir de celui qui parle vers un autre point ; elle est souvent associée au verbe **gehen**.
Exemple : hingehen qui se traduit par *y aller.* Geht doch hin! *Allez-y donc !*
- La particule **her** indique quant à elle généralement un mouvement vers celui qui parle ; elle est souvent associée au verbe **kommen** qui se traduit par *venir (ici).*
Exemple : herkommen. Komm schnell her! *Viens vite !*

4 **Traduisez les phrases suivantes.**

a. Vas-y donc !......................... ....

b. Tu y vas ?......................... ....

c. Venez ici ! (*vouvoiement*) ....

d. Venez ici ! (*tutoiement pluriel*)..................................

Bravo, vous êtes venu à bout du chapitre 23 ! Il est maintenant temps de comptabiliser les icônes et de reporter le résultat en page 128 pour l'évaluation finale.

24

Verbes avec prépositions

Formation

- De nombreux verbes allemands se construisent avec une préposition entraînant un accusatif ou un datif. En général et surtout au début, ils sont à mémoriser.
- **Verbe + accusatif :** sich an jemanden/etwas erinnern *se souvenir de quelqu'un/quelque chose* → Ich erinnere mich sehr gut an ihn. *Je me souviens très bien de lui.*
- **Verbe + datif :** mit jemandem / etwas beginnen *commencer par quelqu'un/quelque chose* → Wir beginnen mit ihm. *Nous commençons par lui.*
- Voici quelques verbes. Vous observerez qu'en français également, la plupart de ces verbes se construisent avec une préposition mais, comme toujours, il existe des exceptions.

anfangen/beginnen mit + dat.
commencer par

danken für + acc.
remercier pour

denken an + acc.
penser à

einladen zu + dat.
inviter à

sich erinnern an + acc.
se souvenir de

sich gewöhnen an + acc.
s'habituer à

gratulieren zu + dat.
féliciter pour

träumen von + dat.
rêver de

sich verlieben in + acc.
tomber amoureux de

warten auf + acc.
attendre

1 Avant de passer aux choses sérieuses, dites de quoi rêvent ces personnes et n'oubliez pas les accords au datif.

a. Paula träumt von ....
(ein guter Schokoladenkuchen, *un bon gâteau au chocolat*)

b. Peter träumt von ....
(eine Insel im Pazifik, *une île dans le Pacifique*)

c. Die Kinder träumen von ....
(neue Spielsachen, *nouveaux jouets*)

2 Complétez les phrases par un de ces groupes nominaux :

das Geschenk *le cadeau* — **den Bus** — **den Luxus** *le luxe* — **Geburtstag** — **meiner Party** — **diese Tage in Paris** — **einem Bier**

a. Ich warte auf ....

b. Ich danke dir für ....

c. Ich denke oft (*souvent*) an ....

d. Ich möchte dich zu .... einladen.

e. Man gewöhnt sich schnell an ....

f. Ich fange mit .... an.

g. Ich gratuliere dir zum ....

Sich freuen

Sich freuen *se réjouir* se construit avec deux prépositions différentes, selon le contexte :

- **sich freuen + auf** se rapporte à quelque chose de **futur**. Exemple : Ich freue mich auf deinen Besuch. *Je me réjouis de ta visite* (La visite n'a pas encore eu lieu).
- **sich freuen + über** se rapporte à quelque chose de **présent** ou de **passé**. Exemple : Ich freue mich über deinen Besuch. *Je me réjouis de ta visite.* Ich habe mich über deinen Besuch gefreut. *Ta visite m'a fait plaisir./Je me suis réjoui de ta visite.* (La visite est en cours, voire déjà terminée).

3 Complétez par **AUF** ou **ÜBER**.

a. Wir freuen uns .... die Party von morgen.

b. Ich freue mich .... diese gute Nachricht (*cette bonne nouvelle*).

c. Er freut sich .... die nächsten Ferien (*prochaines vacances*).

d. Danke! Ich habe mich sehr .... deinen Brief gefreut.

e. Freust du dich .... die Blumen.
– Ja, danke. Sie sind sehr schön.

Exprimer la reprise

Ich denke an die Kinder. *Je pense aux enfants.* Ich denke auch an ~~die Kinder~~. *Je pense aussi ~~aux enfants~~.* Pour éviter de répéter le groupe nominal, on emploie :

- **le pronom personnel** précédé de la préposition lorsqu'il s'agit d'un être animé.
  Exemple : Ich denke auch <u>an sie</u>. *Je pense aussi <u>à eux</u>.* → **sie** = accusatif pluriel qui remplace die Kinder.
- **da(r)- + préposition** lorsqu'il s'agit de quelque chose d'inanimé, le « r » étant pour les prépositions débutant par une voyelle.
  Exemple : Ich denke <u>an die Ferien</u>. *Je pense <u>aux vacances</u>.* – Ich denke auch <u>daran</u>. *J'<u>y</u> pense aussi.* → **daran** remplace die Ferien. Notez bien que da(r) vaut aussi bien pour l'accusatif que le datif.

4 Exprimez la reprise comme dans les exemples.

a. Kannst du dich <u>an ihren Mann</u> erinnern?
– Ja, ich kann mich sehr gut .... erinnern.

b. Er wartet <u>auf die Kinder</u>.
– Ich warte auch ....

c. Ich warte <u>auf den Bus</u>.
– Ich warte auch ....

d. Ich beginne <u>mit den Deutschübungen</u>.
– Ich beginne auch..

e. Ich denke oft <u>an Paul</u>.
– Ich denke auch oft..

f. Ich muss mich <u>an das Klima</u> (*climat*) gewöhnen.
– Ich muss mich auch .... gewöhnen.

Phrases interrogatives

Là aussi, il faut faire une distinction entre un pronom interrogatif se référant à un être animé ou à un être inanimé :

- **un être animé :** le pronom interrogatif se construit avec la **préposition + wen** pour les verbes suivis de l'accusatif ou **wem** pour les verbes suivis du datif.
  Exemples : denken an
  → An wen denkst du?
  À qui penses-tu ? – An dich! *À toi !*
  träumen von → Von wem träumst du?
  – *De qui rêves-tu ?* – Von dir! *De toi !*
- **quelque chose d'inanimé → wo(r) + préposition**, le « r » étant pour les prépositions débutant par une voyelle.
  Exemples :
  Woran denkst du? *À quoi penses-tu ?*
  – An nichts! *À rien !*
  Wovon träumst du? *De quoi rêves-tu ?*
  – Von den Ferien. *Des vacances.*

5 **Complétez par les pronoms interrogatifs.**

a. .... wartest du? – Auf den Bus.

b. .... fangt ihr an ? – Mit den Hausaufgaben *(devoirs)*.

c. .... wartest du? – Auf meine Freundin.

d. .... freut er sich? – Über seine Note *(sa note)*.

e. .... hat er sich verliebt? – In Eva.

f. .... freuen sie sich? – Auf die Party von morgen.

Bravo, vous êtes venu à bout du chapitre 24 ! Il est maintenant temps de comptabiliser les icônes et de reporter le résultat en page 128 pour l'évaluation finale.

25

La comparaison

Formation

Comparatif d'égalité	Ich renne **so schnell wie** du. *Je cours aussi vite que toi.*
Comparatif de supériorité	Ich renne **schneller als** du. *Je cours plus vite que toi.*
Superlatif	Ich renne **am schnellsten**. *Je cours le plus vite.*

Il existe trois degrés de comparaison et la règle pour un adverbe et adjectif attribut est la suivante :

- **Comparatif d'égalité.**
Il exprime l'égalité → **so + adverbe/adjectif attribut + wie…**

- **Comparatif de supériorité.**
Il sert à comparer deux (groupes de) personnes/choses → **adverbe/adjectif attribut + -er + als**… En plus du **-er**, de nombreux adverbes/adjectifs (mais pas tous) prennent une inflexion sur le **a, o** ou **u**.
Exemple : Paul ist j**ü**nger als ich. *Paul est plus jeune que moi.*

- **Superlatif.**
On l'emploie pour comparer trois (groupes de) personnes/choses ou plus → **am + adverbe/adjectif attribut + -sten**.
Dans la phrase « Ich renne am schnell**sten** » « je » se compare à minimum deux (groupes de) personnes.

- Par ailleurs, les adjectifs/adverbes prenant une inflexion au comparatif de supériorité, la prennent aussi au superlatif.
Exemple : Paul ist am j**ü**ng**sten**. *Paul est le plus jeune.*

1 **Mémorisez les nouveaux adjectifs et traduisez ceux-qui ont déjà été étudiés.**

a. dick → *gros*
b. klein → ....
c. groß → ....
d. schlank → *mince*
e. hübsch → ....
f. hell → *clair*
g. dunkel → ....
h. lang → ....
i. schwer → ....
j. kurz → *court*
k. einfach → *facile*
l. breit → *large*
m. eng → *étroit*

2 Complétez le tableau.

Comparatif d'égalité	Comparatif de supériorité	Superlatif
a. Paul ist so ...... wie ich.	Paul ist dicker als ich.	**e.** Paul ist am ....
b. Paul ist so .... wie ich.	**c.** Paul ist .... als ich.	Paul ist am schlanksten.
Paul ist so klein wie ich.	**d.** Paul ist .... als ich.	**f.** Paul ist am ....

3 Complétez par WIE, ALS ou AM.

a. Ich esse so viel .... du.

b. Sie ist größer .... er.

c. Eva ist hübscher ....Sabine.

d. Wer ist .... kleinsten? Peter, Sabine oder du?

e. Ich esse weniger *(moins)* .... du.

f. Ich bin .... schlanksten.

Adjectif épithète

La règle reste très proche de celle de l'adverbe/adjectif attribut ; par contre, il faut ajouter la terminaison propre à l'adjectif épithète (voir tableau).

- **Comparatif de supériorité : adjectif + -er + terminaison**
  Exemple : Ich nehme die kleinere Tasche. *Je prends le plus petit sac* (le choix porte sur deux sacs).
- **Superlatif : adjectif + -st + terminaison.**
  Exemple : Ich nehme die kleinste Tasche. *Je prends le plus petit sac* (le choix porte sur trois sacs ou plus).
- Quant à l'inflexion, elle suit la même règle que pour les adverbes/adjectifs attributs : Wie alt ist die älteste Frau der Welt? *Quel âge a la plus vieille femme du monde ?*

4 Complétez le tableau.

	Comparatif de supériorité	Superlatif
die helle Hose		
	das schönere Auto	
		die einfachsten Übungen
der junge Mann		

5 Complétez les adjectifs par les marques de l'adjectif épithète.

a. Ist das Hotel billig?
– Ja, aber ich kenne ein billiger .... Hotel.

b. Für mich bist du die schönst................ Frau der Welt.

c. Sie haben einen Zug um 10 Uhr oder um 12 Uhr 30.
– Ich nehme den früher .... Zug.

d. Der Nil ist der längst..
Fluss der Welt. *(fleuve du monde)*

e. Diese Tasche ist zu klein *(trop)*.
Hast du keine größer .... Tasche?

f. Zieh dein schönst........................... Kleid an *(mettre)*.
Heute lade ich dich ins Restaurant ein!

Exceptions

Parmi les particularités phonétiques et les irrégularités, notez cette règle et le tableau qui suit : les adjectifs/adverbes se terminant par **-d**, **-t**, **-s**,**-ss**, **-ß**, **-z**, et **-sch** prennent généralement un **-e** euphonique au superlatif : **breit** *large* → **am breitesten/der breiteste**. Il y a néanmoins des exceptions, dont **groß** → **am größten/der größte.**

	Attribut	Épithète
bien/bon	gut → besser → am besten	der gute → der bessere → der beste
haut	hoch → höher → am höchsten	der hohe → der höhere → der höchste
proche	nah → näher → am nächsten	der nahe → der nähere → der nächste
beaucoup	viel → mehr → am meisten	→ mehrere* → die meisten
cher	teuer → teurer → am teuersten	der teu(e)re → der teuerere → der teuerste
foncé	dunkel → dunkler → am dunkelsten	der dunkle → der dunklere → der dunkelste

***mehrere** *plusieurs* s'emploie sans article.

6 **Mettez les adjectifs/adverbes entre parenthèses au comparatif de supériorité ou au superlatif.**

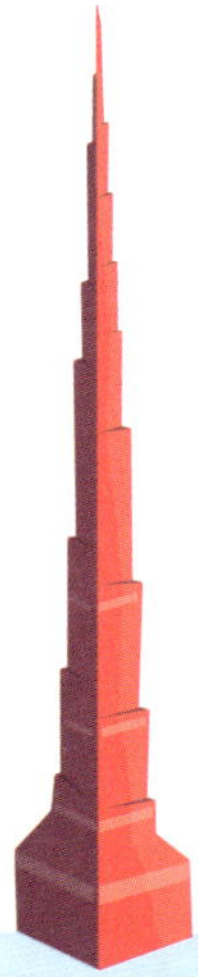

a. Ich esse ....als du, aber Paul isst........ von allen *(de tous)*. **(viel)**

b. Wo ist der .... Turm der Welt? **(hoch,** *haut***)**

c. Was ist ....? Der Zug oder das Flugzeug? **(teuer)**

d. Ich kenne viele gute Restaurants, aber.................. isst man im beim Italiener. **(gut)**

e. Diese Schuhe sind zu hell. Hast du keine .... Schuhe? **(dunkel)**

f. Wer wohnt ....? Sabine oder Petra? **(nah)**

Bravo, vous êtes venu à bout du chapitre 25 ! Il est maintenant temps de comptabiliser les icônes et de reporter le résultat en page 128 pour l'évaluation finale.

26

Le goût et la préférence

Formation

- **Le goût et la préférence** s'expriment à l'aide de gern, lieber, am liebsten. Cette forme grammaticale n'a pas d'équivalent en français et, comme pour la comparaison, on distingue trois degrés de goût/préférence :

- Ich trinke **gern** Wein. *J'aime bien boire du vin.*
- Ich trinke **lieber** Bier als Wein. *Je préfère boire de la bière (que du vin).*
- **Am liebsten** trinke ich Champagne. Ich trinke am liebsten Champagne. *Ce que je préfère, c'est le champagne. / Je préfère boire du champagne.*

- gern signifie que l'on aime bien faire quelque chose. Il se place directement derrière le verbe.
- lieber signifie que l'on préfère faire quelque chose par rapport à autre chose. Cet adverbe se place également derrière le verbe.
- am liebsten exprime la préférence absolue entre trois options ou plus. Il se place devant ou derrière le verbe mais, placé en tête de phrase, il accentue encore plus le superlatif.

Attention : il n'existe pas vraiment de traduction française permettant d'exprimer ces nuances.

1 Complétez par GERN, LIEBER ou AM LIEBSTEN.

a. Isst du ...... Fleisch oder Fisch? *(viande ou poisson)*

b. Was isst du ....? Eine Pizza, Fleisch oder Fisch.

c. Kommst du .... um 10 Uhr oder um 12 Uhr?

d. Gehen wir ins Restaurant, ins Kino oder ins Theater?
– .... bleibe ich zu Hause.

e. Wohnt ihr .... in Deutschland oder in Frankreich.

f. Trinkst du .... Tee? – Ja, sehr gern!

g. Sprechen Sie .... Deutsch oder Englisch?

Particularité

Cette construction propre à l'allemand ne peut pas se traduire mot à mot. Elle signifie *bien aimer* et *préférer quelqu'un / quelque chose.*
Exemple : Ich habe Paul gern. *J'aime bien Paul.* Ich habe Sabine lieber (als Paul). *Je préfère Sabine à Paul.*
Am liebsten habe ich Petra. / Ich habe Petra am liebsten. *Je préfère Petra. / Celle que j'aime le plus c'est Petra.*

Die Farben *les couleurs*

Blau → *bleu*
Braun → *marron*
Gelb → *jaune*
Grün → *vert*
Lila → *violet*
Rot → *rouge*
Schwarz → *noir*
Weiß → *blanc*

2 Traduisez les phrases suivantes en utilisant le vocabulaire ci-dessus. Attention (le) ne se traduit pas et ou bien se dit oder.

a. J'aime bien (le) vert.
→ ....

b. Il préfère (le) rouge au bleu.
→ ....

c. Qu'est-ce que tu préfères ? (Le) blanc, (le) marron ou (le) noir ?
→ ....

Préféré !

- Pour désigner la personne ou la chose préférée, on utilise souvent le terme **Lieblings-** composé d'un autre substantif. Exemple : der Schauspieler/die Schauspielerin *l'acteur/l'actrice* → mein Lieblingsschauspieler/meine Lieblingsschauspielerin *mon acteur préféré/mon actrice préférée.*
- Notez que mein Liebling signifie *mon chéri/ma chérie.*

3 Faites des substantifs composés avec Lieblings-, comme ci-dessus, et traduisez.

a. das Buch → ....
b. die Lehrerin → ....
c. die Sprache → ....
d. das Land → ....

Bravo, vous êtes venu à bout du chapitre 26 ! Il est maintenant temps de comptabiliser les icônes et de reporter le résultat en page 128 pour l'évaluation finale.

27
Conditionnel

Emploi et conjugaison

ich **würde**… kommen
du **würdest**… kommen
er, sie, es **würde**… kommen
wir **würden**… kommen
ihr **würdet**… kommen
sie/Sie **würden**… kommen

Le conditionnel présent correspond en allemand au subjonctif II hypothétique, qui se construit de deux manières différentes, la forme composée (à gauche) et la forme simple (page ci-contre) :

- **Forme composée.** Werden au subjonctif II hypothétique + infinitif du verbe rejeté en fin de phrase. Cette forme s'utilise pour la majorité des verbes. Observez bien la syntaxe : Ich würde morgen kommen. *Je viendrais demain.* Wann würdest du morgen kommen? *Quand viendrais-tu demain ?* Würdest du morgen kommen? *Viendrais-tu demain ?*

1 Formez des phrases à la forme composée du conditionnel présent (subjonctif II hypothétique).

nach Berlin ich fahren

a. ....
....
....

schreiben wir ihm ein Mail

b. ....
....
....

gehen er wohin ?

c. ....
....
....

du schreiben ? eine Mail

d. ....
....
....

2 Traduisez les phrases suivantes.
Mit viel Geld... ***Avec beaucoup d'argent...***

a. Que ferais-tu ?

➜ ....

b. Je ne travaillerais pas.

➜ ....

c. Je dormirais toujours (immer) jusqu'à (bis) midi.

➜ ....

d. J'achèterais une belle maison.

➜ ....

e. Je voyagerais (reisen) beaucoup.

➜ ....

f. Et je t'épouserais.

➜ ....

Forme simple

	haben	sein	sollen
ich	hätte	wäre	sollte
du	hättest	wär(e)st*	solltest
er/sie/es	hätte	wäre	sollte
wir	hätten	wären	sollten
ihr	hättet	wär(e)t*	solltet
sie/Sie	hätten	wären	sollten

*Le **e** est généralement élidé.

- **Haben** et **sein** ont une conjugaison irrégulière.
- **Forme simple.** De nos jours, elle s'emploie essentiellement pour **haben**, **sein**, les **six verbes de modalités** et **wissen**. Ils se conjuguent comme suit : radical du verbe au subjonctif II + terminaisons (en rouge).
- Vous noterez que dans le cas de **sein**, les 2es personnes du singulier et du pluriel se conjuguent **avec ou sans e** ; de nos jours on emploie davantage la forme élidée.

3 Voici les radicaux des autres verbes de modalité et de wissen au subjonctif. Complétez-les par les terminaisons du conditionnel présent (subjonctif II hypothétique).

a. **wollen**
→ Sie wollt.........

b. **dürfen**
→ ihr dürft.........

c. **können**
→ ich könnt.........

d. **müssen**
→ wir müsst......:...

e. **mögen**
→ du möcht.........

f. **wissen**
→ er wüsst.........

4 Conjuguez les verbes suivants à la forme composée ou simple, selon l'usage actuel. Certains pointillés peuvent rester vides !

a. .... du ein Eis .... ? **(mögen)**

b. .... ihr mir bitte helfen .... ? **(können)**

c. Wann .... Sie nach Paris ....? **(fahren)**

d. Sabine .... für die Deutschprüfung lernen .... **(sollen)**

e. Meine Kinder .... auf eine andere Schule .... **(gehen)**

f. Es .... super! **(sein)**

g. Er .... auch Deutsch .... **(lernen)**

Wenn

Wenn *si* traduit l'hypothèse et introduit une subordonnée. Souvenez-vous que dans une subordonnée, le verbe conjugué est en fin de phrase. Notez bien la concordance des temps. Celle-ci diffère du français :

- **Si la condition est réalisable,** la principale et la subordonnée sont au présent.
  Exemples : Er kommt morgen, wenn er Zeit hat./Wenn er Zeit hat, kommt er morgen. *Il vient/viendra demain, s'il a le temps./S'il a le temps, il vient/viendra demain.*
- **Si la condition est posée comme une hypothèse non encore réalisée,** la principale et la subordonnée sont au subjonctif II hypothétique.
  Exemples : Er würde morgen kommen, wenn er Zeit hätte./Wenn er Zeit hätte, würde er morgen kommen. *Il viendrait demain, s'il avait le temps./S'il avait le temps, il viendrait demain.*

5 Passez de la condition réalisable à l'hypothèse non encore réalisée et inversement.

a. Wenn wir Geld haben, kaufen wir ein schönes Haus.

→ ....

b. Wenn er eine Arbeit finden würde, könnte er in München bleiben.

→ ....

c. Wenn ich krank wäre, würde ich nicht arbeiten.

→ ....

d. Wenn du reich *(riche)* bist, heirate ich dich.

→ ....

Bravo, vous êtes venu à bout du chapitre 27 ! Il est maintenant temps de comptabiliser les icônes et de reporter le résultat en page 128 pour l'évaluation finale.

28

Propositions infinitives

Formation

- En allemand comme en français, un verbe qui est complément d'un autre verbe est à l'infinitif. Il existe plusieurs types de constructions infinitives ; dans notre cas, nous nous limitons aux infinitives avec **zu** *à/de* et **um... zu...** *afin de/pour.*
- Vous observerez que dans la phrase allemande, la proposition infinitive se trouve toujours en fin de phrase. Et en général, une proposition infinitive comportant un complément d'objet (ou plus) est séparée de la principale par une virgule. La règle n'est néanmoins pas toujours très précise à ce sujet.
- **Proposition infinitive introduite par zu** *à/de.* Il s'agit de la plus fréquente. Zu se place devant l'infinitif
→ Er versucht, morgen zu kommen. *Il essaie de venir demain.*
- Dans le cas des verbes à particules séparables, **zu** se place entre la particule et le verbe. Exemple : **losfahren** *partir* → Er versucht, früher loszufahren. *Il essaie de partir plus tôt.*
- **L'infinitif n'est pas précédé de zu après les verbes de modalité, bleiben, gehen, hören** *(entendre)*, **lassen** *(laisser)*, **lernen, sehen** et quelques autres verbes.
Ich kann das machen. *Je peux le faire.*
Ich lasse dich in Ruhe arbeiten. *Je te laisse travailler tranquillement (Littéralement : en paix).*
- Notez que ces mêmes verbes en français se construisent dans la majorité des cas également sans à/de.

1 **Avant de passer aux infinitives, révisez quelques verbes à particules. Cochez le type de particule, puis traduisez-les.**

Verbe	Particule séparable	Particule inséparable	Traduction
anfangen			
anrufen			
erklären			
wiederholen			
gewinnen			
bezahlen			
einladen			

2 ZU ou pas ZU ? À vous de jouer !

a. Ich lerne .... schwimmen.

b. Ich freue mich, dich .... sehen.

c. Er will mich nicht .... sehen.

d. Ich versuche *(essayer)*, dich an .... rufen.

e. Hörst du die Kinder .... lachen. *(rire)*

f. Ich hoffe, dich wieder .... sehen.

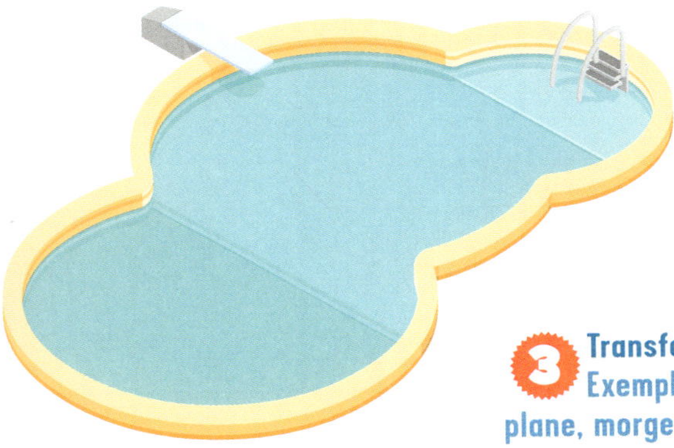

3 Transformez ces phrases en propositions infinitives.

Exemple : Ich komme morgen. *Je viens demain.* → Ich plane, morgen zu kommen. *Je planifie/prévois de venir demain.*

a. Ich mache eine Reise nach Japan.
→ Ich plane, ...

b. Ich stehe morgen um 5 Uhr auf.
→ Ich versuche, ...

c. Ich lade alle meine Freunde ein.
→ Ich freue mich, ...

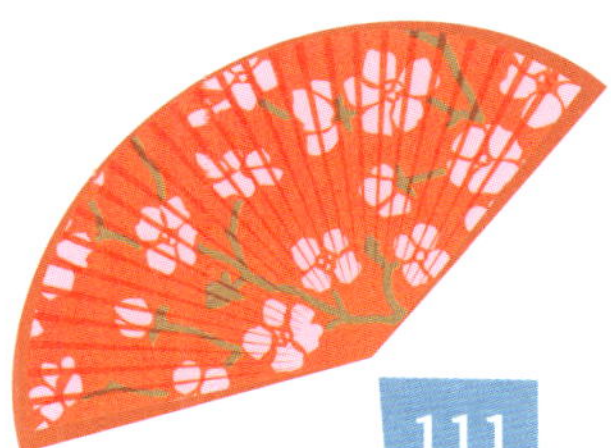

4 Transformez ces phrases selon les exemples.
Exemples : Ich möchte dich sehen. *J'aimerais te voir.* ➜ Ich habe Lust, dich zu sehen. *J'ai envie de te voir.*

a. Ich möchte eine große Party machen. ➜ Ich habe Lust, ...

b. Sie möchte nach China fliegen. ➜ Sie hat Lust, ...

c. Er möchte sich ein neues Auto kaufen. ➜ Er hat Lust, ...

d. Er möchte ins Kino gehen.➜ Er hat Lust, ...

Proposition infinitive introduite par um… zu… *afin de/pour*

La place de **zu** est la même : devant l'infinitif, ou bien entre la particule séparable et l'infinitif. **Um** se place devant le(s) complément(s) et, s'il n'y a pas de complément, devant **zu**. Exemple : Ich bleibe zu Hause, <u>um</u> (mit dir) <u>zu</u> arbeiten. *Je reste à la maison afin de/pour travailler (avec toi).* Ich brauche Zeit, <u>um</u> auf<u>zu</u>stehen. *Il me faut du temps/J'ai besoin de temps pour me lever.*

5 Transformez les phrases comme suit :
Exemples : Ich brauche den Computer. Ich schicke eine Mail. → Ich brauche den Computer, um eine Mail zu schicken.
J'ai besoin de l'ordinateur afin de/pour envoyer un e-mail.

a. Ich brauche das Deutschbuch. Ich lerne für die Prüfung.
→ ....

b. Er fährt nach Berlin. Er besucht seine Tante.
→ ....

c. Wir kaufen einen neuen Ball. Wir spielen Fußball *(football)*.
→ ....

d. Ich rufe dich an. Ich erzähle dir alles.
→ ....

6 Indiquez l'infinitif de ces verbes conjugués au présent, au parfait ou au prétérit.

a. er konnte → ....

b. er ist gegangen → ....

c. er ist geblieben → ....

d. er hatte → ....

e. er liest → ....

f. er fängt an → ....

g. er hilft → ....

h. er durfte → ....

i. er will → ....

j. er weiß → ....

Bravo, vous êtes venu à bout du chapitre 28 ! Il est maintenant temps de comptabiliser les icônes et de reporter le résultat en page 128 pour l'évaluation finale.

29

Propositions relatives

Formation

	Masculin singulier	Féminin singulier	Neutre singulier	Pluriel 3 genres
Nominatif	**der**	**die**	**das**	**die**
Accusatif	**den**	**die**	**das**	**die**
Datif	**dem**	**der**	**dem**	**denen**

- **La déclinaison du pronom relatif reste très proche de celle de l'article défini der, die, das.** Il existe également une déclinaison au génitif que nous n'aborderons pas. Vous observerez que le verbe conjugué de la relative se place toujours en fin de phrase (même syntaxe que la proposition subordonnée) et que la relative est systématiquement séparée de la proposition principale par des virgules.
- **La déclinaison du pronom relatif est la suivante :** il s'accorde en genre et en nombre (masculin/féminin/neutre singulier ou pluriel) avec son antécédent et se met au cas (nominatif, accusatif, datif) correspondant à sa fonction dans la relative. Ci-contre, voici plusieurs exemples.

- **Proposition relative sans préposition :**

– Der Junge, **der** bei uns wohnt, kommt aus Rom. *Le garçon qui habite chez nous vient de Rome.* Pourquoi **der (nominatif)** ? L'antécédent est **der Junge** (masculin singulier) ; sa fonction dans la relative est « sujet ».

– Der Junge, **den** du gestern getroffen hast, kommt aus Rom. *Le garçon que tu as rencontré hier vient de Rome.* Pourquoi **den (accusatif)** ? L'antécédent est **der Junge** (masculin singulier) et sa fonction dans la relative est complément d'objet direct.

– Kennst du den Jungen, **der** gestern gekommen ist. *Connais-tu le garçon qui est venu hier ?* Pourquoi **der (nominatif)** ? L'antécédent est **den Jungen** (masculin singulier) et sa fonction dans la relative est « sujet ».

1 Complétez par les pronoms relatifs.

Du bist die Frau, ... ich liebe.

Und du bist der Mann, ... ich liebe.

2 Complétez par le pronom relatif adéquat.

a. Das Mädchen, ... bei uns wohnt, kommt aus Südamerika.

b. Die Studenten, ... du gestern getroffen hast, kommen aus China.

c. Der Junge, ... du das Buch gegeben hast, ist mein Schüler.

d. Ich treffe die französische Studentin, ... in deinem Deutschkurs ist. (*cours d'allemand*)

e. Die Studenten, ... du das Buch gegeben hast, können sehr gut Deutsch.

f. Kennst du den jungen Mann, ... gestern bei mir war?

3 Transformez la 2e phrase en proposition relative.

Exemples : Der neue Schüler kommt aus Spanien. Der neue Schüler ist in meiner Klasse.

→ Der neue Schüler, der in meiner Klasse ist, kommt aus Spanien.

a. Das kleine Mädchen heißt Sabine. Das kleine Mädchen spielt immer mit mir.

→ ....

b. Der Kuchen ist gut. Du hast den Kuchen gekauft.

→ ....

c. Das Auto ist teuer. Ich kaufe das Auto.

→ ....

Proposition relative avec préposition

- Comme en français, une relative peut être introduite par une préposition. Celle-ci se place devant le pronom relatif et détermine le cas.
- **Kennst du den Mann, für den ich arbeite?** *Connais-tu le monsieur pour qui je travaille ?*
  On emploie den, car l'antécédent est **den Mann** (masculin singulier) précédé de **für** + accusatif.
- **Kennst du die Dame, mit der ich arbeite?** *Connais-tu la dame avec qui je travaille ?*
  On emploie der, car l'antécédent est **die Dame** (féminin singulier) précédé de mit + datif.

4 Complétez par le pronom relatif adéquat.

a. Kennst du die Frau, für .... ich arbeite?

b. Kennst du den Mann, mit .... ich arbeite?

c. Kennst du die Leute, für .... ich arbeite?

d. Kennst du die Leute, mit .... ich arbeite?

5 Remettez les relatives dans l'ordre.

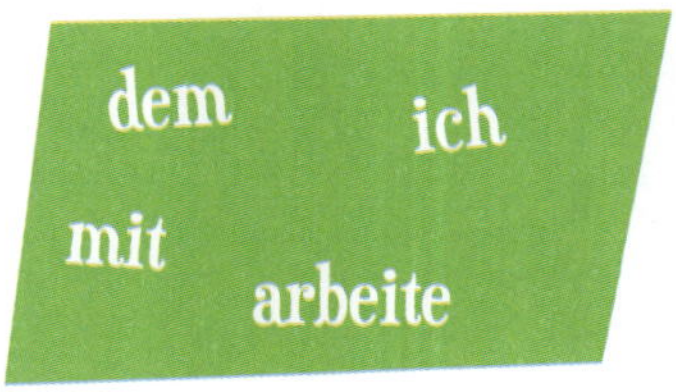

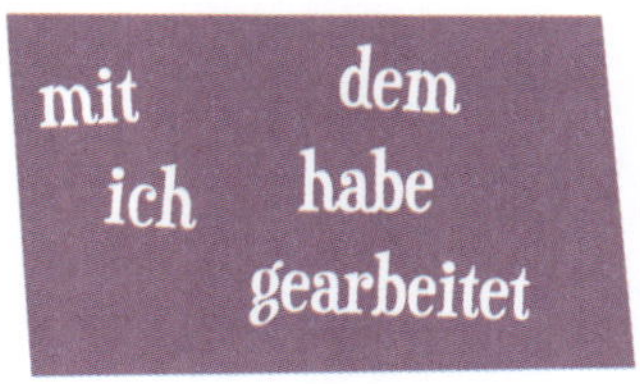

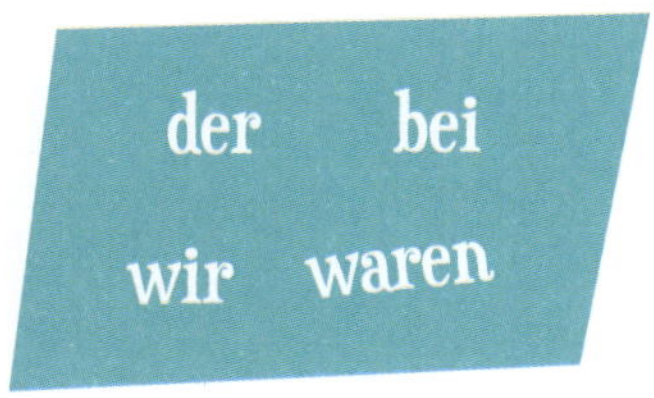

a. Das is das Buch, ...
....
....

b. Das is das Buch, ...
....
....

c. Das is die Frau, ...
....
....

6 Retrouvez l'antécédent adapté.

die Leute — einen Bäcker — die Familie — der Freund — das Buch — die Blumen

a. Das ist ...., bei der ich n Berlin gewohnt habe.

b. Kennst du ...., die heute zu uns kommen?

c. ...., mit dem ich im Kino war, ist Italiener.

d. ...., das ich lese, ist gut.

e. ...., die du mir geschenkt hast, sind schön.

f. Ich kenne ...., der gutes Brot macht.

Bravo, vous êtes venu à bout du chapitre 29 ! Il est maintenant temps de comptabiliser les icônes et de reporter le résultat en page 128 pour l'évaluation finale.

30

Introduction au passif

Emploi et conjugaison

	Présent	Parfait
ich	werde… operiert	bin… operiert worden
du	wirst… operiert	bist… operiert worden
er/sie/es	wird… operiert	ist… operiert worden
wir	werden… operiert	sind… operiert worden
ihr	werdet… operiert	seid… operiert worden
sie/Sie	werden… operiert	sind… operiert worden

- **Le passif permet d'exprimer une action qui est subie par quelqu'un/quelque chose.** Il s'emploie assez fréquemment en allemand, alors qu'en français, on lui préférera souvent d'autres tournures comme *je me fais opérer/on m'opère*. Il se conjugue à tous les temps, mais nous nous limitons ici au présent et au parfait. Il se construit comme suit :
- **Présent : werden au présent + participe passé en fin de phrase** → Er wird heute operiert. *Il est opéré./On l'opère aujourd'hui.*
- **Parfait : sein au présent + participe passé et worden en fin de phrase** → Er ist heute operiert worden. *Il a été opéré./On l'opère aujourd'hui.*
- Notez que **worden** est une forme contractée de geworden, lui-même le participe passé de **werden**.

1 Indiquez l'infinitif des participes passés suivants.

a. gelernt → ……………………………………

b. gesprochen → ……………………………………

c. gebadet → ……………………………………

d. gewaschen → ……………………………………

e. gefahren → ……………………………………

f. erklärt → ……………………………………

g. empfohlen → ……………………………………

h. eingeladen → ……………………………………

i. bezahlt → ……………………………………

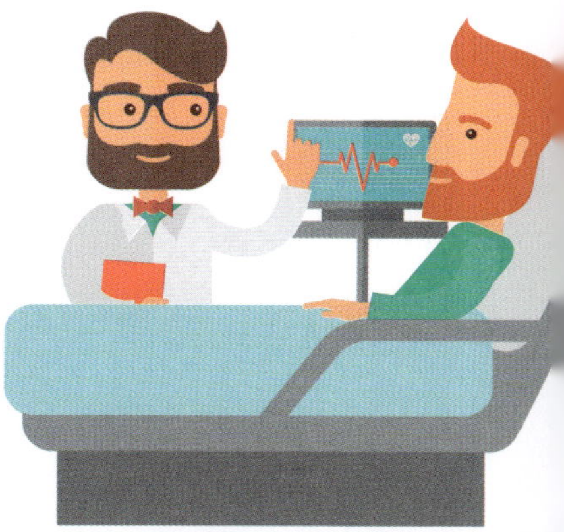

2 **Reprenez ces phrases et conjuguez-les selon le cas au présent ou au parfait.**

a. Der Brief wird auf Deutsch übersetzt.
On traduit la lettre en allemand.

....

b. Die Rechnungen sind alle geprüft worden.
Les factures ont toutes été contrôlées.

....

c. Das Geschäft wird renoviert.
On rénove le magasin.

....

d. Die Geschäfte sind alle geschlossen worden.
Les magasins ont tous été fermés.

....

Le complément d'agent

La phrase passive peut se construire avec un complément d'agent (voir exemples ci-dessous) ou sans (voir exemples ci-dessus). Il indique qui fait subir l'action et il est introduit par la préposition **von**.
Exemple : Die Maus wird von der Katze gegessen. *La souris est mangée par le chat*. Si vous transposez cette même phrase à la voix active, le complément d'agent devient sujet et le sujet de la phrase passive devient complément d'objet. Die Katze isst die Maus. *Le chat mange la souris.*

3 **Transposez les phrases à la voix passive. Souvenez-vous que VON se construit avec le datif.**

a. Die Katze hat die Maus gegessen.

→ ....

b. Die Sekretärin schreibt den Brief.

→ ....

c. Paul hat den Brief übersetzt.

→ ....

d. Mein Großvater hat den Tannenbaum geschmückt. *(décorer l'arbre de Noël)*

→ ....

e. Picasso hat dieses Bild gemalt.

→ ....

Passif d'état

- Il existe une autre forme du passif qui se construit avec le verbe **sein** *être* **+ le participe passé**. Comme l'indique son nom, il exprime un état.
- Pour l'instant, notez juste ces deux exemples : geöffnet oder geschlossen sein *être ouvert ou fermé* : Sind die Geschäfte heute geöffnet? *Les magasins sont ouverts aujourd'hui ?* Nein, die Geschäfte sind heute geschlossen. *Non, les magasins sont fermés aujourd'hui.*

4 **Mémorisez les nouveaux mots et traduisez ceux qui ont été étudiés**

a. die Post → *la poste*

b. die Apotheke → *la pharmacie*

c. die Bäckerei → ....

d. der Supermarkt → ....

e. die Metzgerei → ....

f. die Reinigung → *la teinturerie*

g. das Kino → ....

h. die Buchhandlung → *la librairie*

5 **Traduisez les phrases suivantes et notez que *de ... à* se dit von ... bis.**

a. La teinturerie est ouverte aujourd'hui ?
→ ....

b. Oui, elle est ouverte de 8 heures à 17 heures.
→ ....

c. Le supermarché est ouvert de 8 heures à 21 heures.
→ ....

d. Le cinéma est fermé en août.
→ ....

f. La librairie est fermée le dimanche.
→ ....

g. La pharmacie est fermée le 25 décembre.
→ ....

h. Oui, mais elle est ouverte le 1er janvier.
→ ....

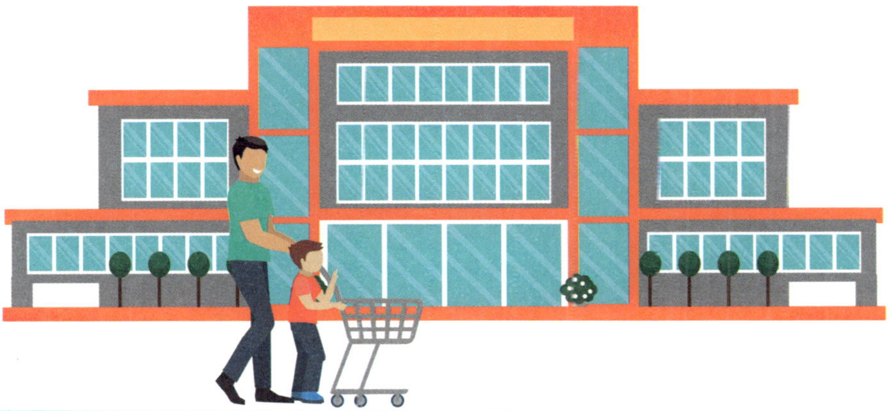

Bravo, vous êtes venu à bout du chapitre 30 ! Il est maintenant temps de comptabiliser les icônes et de reporter le résultat en page 128 pour l'évaluation finale.

Prononciation et particularités

❶ **a.** schön **b.** gut **c.** spät **d.** früh **e.** bald **f.** schon **g.** mein **h.** Frau **i.** neu **j.** danke.

❷ **a.** u > ou – ein > aïn(e) – s > s de rose **b.** ch > chuinté – in > i et n – J > y **c.** eu > oï – sch > ch – w > v – in > i et n **d.** u > ou – s > ss – auf > aôf – w > v – s > s de rose.

1 Présent de l'indicatif

❶ **a.** machst du **b.** Ich lerne **c.** macht er **d.** Ich schlafe.

❷

ich	du	er/sie/(es)	wir	ihr	sie/(Sie)
wohne	wohnst	**wohnt**	wohnen	wohnt	wohnen
spreche	**sprichst**	spricht	sprechen	**sprecht**	sprechen
mache	machst	**macht**	machen	macht	**machen**
sehe	siehst	**sieht**	**sehen**	seht	sehen
sage	**sagst**	sagt	sagen	**sagt**	sagen
gehe	gehst	geht	gehen	**geht**	gehen

❸

ich	du	er/sie/(es)	wir	ihr	sie/(Sie)
arbeite	arbeitest	arbeitet	arbeiten	arbeitet	**arbeiten**
heiße	heißt	heißt	**heißen**	**heißt**	heißen
lese	liest	**liest**	lesen	lest	**lesen**

❹ **a.** Wer bist du? – Ich bin Paula. **b.** Wo seid ihr? – Wir sind hier. **c.** Du hast Glück, ich habe Pech. **d.** Habt ihr alles? – Ja, wir haben alles.

❺ **a.** Wie alt sind Sie? **b.** Ich bin 19. **c.** Wie alt ist sie? **d.** Sie ist 19.

2 Pronoms personnels

❶ **a.** sie **b.** er **c.** sie **d.** Sie **e.** sie **f.** ihr.

❷ **a.** er/sie/es fährt, ich fahre, du fährst **b.** wir/sie/Sie sprechen, er/sie/es spricht, du sprichst **c.** ich bin, du bist, ihr seid **d.** er/sie/es hat, ihr habt, wir/sie/Sie haben.

❸

					2								
			1		A					3			4
	5	T	R	A	**V**	A	I	L	L	E	R		**F**
			O		O					**T**			A
			U		I					R			I
		6	L	**I**	R	E		8	**V**	E	N	I	R
			E										E
7	P	**A**	R	L	E	R							

❹ **a.** ich heiße – wie heißt du **b.** kommst du – ich komme **c.** wohnst du – ich wohne **d.** gehst du **e.** heißen Sie **f.** kommen Sie – ich komme **g.** wohnen Sie – Ich wohne **h.** gehen Sie.

❺ **a.** Man sagt. **b.** Man hat. **c.** Man sieht. **d.** Man gibt. **e.** Man liest. **f.** Man geht.

3 Où ? D'où ? – Noms géographiques

❶ **a.** Wohin fahren sie? **b.** Wo wohnen Sie? **c.** Woher kommt ihr? **d.** Wo arbeitest du? **e.** Woher kommt sie?

❷ **a.** in **b.** nach **c.** nach **d.** in **e.** in **f.** nach **g.** aus.

❸ **a.** Sie arbeitet in der Schweiz. **b.** Er wohnt in den USA. **c.** Wir kommen aus der Türkei. **d.** Er fährt in die Schweiz.

❹ Berlin / Deutschland / Deutsch – London / England / Englisch – Paris / Frankreich / Französisch – Athen / Griechenland / Griechisch – Madrid / Spanien / Spanisch – Peking / China / Chinesisch – Tokyo / Japan / Japanisch – Moskau / Russland / Russisch – Rom / Italien / Italienisch – Lissabon / Portugal / Portugiesisch – Rio de Janeiro / Brasilien / Portugiesisch – Wien / Österreich / Deutsch – Bonn / Deutschland / Deutsch – Dublin / Irland / Englisch.

❺ **a.** Munich **b.** La Bavière **c.** La Lorraine **d.** le Danube **e.** le Rhin **f.** l'Alsace.

4 Impératif

❶ **a.** Komm! Kommt! Kommen Sie! **b.** Sprich! Sprecht! Sprechen Sie!

❷

2e personne du singulier	2e personne du pluriel	Forme de politesse
Pass auf!	Passt auf!	**Passen Sie auf!**
Geh weg!	**Geht weg!**	Gehen Sie weg!
Bleib nicht da!	Bleibt nicht da!	Bleiben Sie nicht da!
Mach das!	**Macht das!**	Machen Sie das!

❸ **a.** Seid **b.** Sei **c.** Seien Sie **d.** Sei.

❹ **a.** Gehen Sie geradeaus bis zum Marktplatz und nehmen Sie die zweite Straße links. **b.** Nimm die zweite Straße rechts und geh immer geradeaus bis zum Kino. **c.** Nehmen Sie die erste Straße rechts, dann die zweite links, dann die erste rechts.

5

a. das Krankenhaus

b. die Post

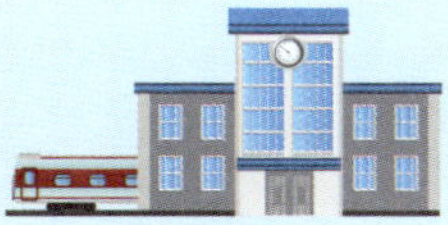
c. der Bahnhof

d. das Schwimmbad

e. der Marktplatz

f. das Kino

6

	1	2	3	4	5	6	7	8
A							F	
B							A	
C							H	
D					**L**	E	R	N
E					E			
F					S			
G		S	A	**G**	T			
H			R					
I			B	L	E	I	**B**	T
J			E					
K		L	**I**	E	S			
L			T					
M		**G**	E	H				

5 Nominatif

1 **a.** der **b.** ein **c.** der **d.** der **e.** die **f.** ein **g.** ein **h.** der **i.** das **j.** das.

2 **a.** Der nächste **b.** ein **c.** eine **d.** die nächste **e.** billige.

3 **a.** das alte Flugzeug **b.** die alten Flugzeuge ; alte Flugzeuge **c.** der alte Bahnhof **d.** die alten Bahnhöfe ; alte Bahnhöfe **e.** eine neue U-Bahn **f.** die neuen U-Bahnen ; neue U-Bahnen **g.** ein großer Flughafen **h.** die großen Flughäfen ; große Flughäfen.

4 **a.** Was **b.** Wer **c.** Wer **d.** Was.

5 **a.** diese junge Frau **b.** dieses kleine Mädchen **c.** diese kleinen Kinder.

6 **a.** Das alte Flugzeug **b.** Der neue Zug **c.** Die kleinen Kinder **d.** Die hübsche Frau.

7 **a.** ein guter Tipp **b.** eine tolle Idee **c.** das letzte Mal **d.** alte Geschichten.

6 Nombres cardinaux

1 **a.** fünfundzwanzig Euros **b.** fünfhundertsechzig Euros **c.** achtundsiebzig Euros **d.** sechstausenddreihundertsechsundneunzig Euros.

2 **a.** 732 **b.** 3 005 **c.** 4 882 **d.** 1 800 612.

3 **a.** zweiundsiebzig durch sechs gleich **b.** zweitausenddreihundertsiebenundsechzig minus fünfhundert gleich **c.** tausendzweihundertdreiundvierzig plus dreihundertfünf gleich **d.** sieben mal neun gleich.

4 **a.** 6.30 **b.** 9.40 **c.** 20.15 **d.** 00.00.

5 **a.** zwanzig nach sieben/sieben Uhr zwanzig **b.** zehn nach sieben/neunzehn Uhr zehn **c.** Viertel nach neun/neun Uhr fünfzehn **d.** Viertel nach zehn/zweiundzwanzig Uhr fünfzehn **e.** halb sechs/fünf Uhr dreißig.

7 Nombres ordinaux

1 **a.** der vierte **b.** der dreizehnte **c.** der neunte **d.** der zweiundzwanzigste **e.** der fünfzigste **f.** der einundsechzigste.

2 **a.** Wir fahren am ersten Januar los. **b.** Wir feiern Weihnachten am vierundzwanzigsten Dezember. **c.** Wir abeiten nicht am vierzehnten Juli. **d.** Dieses Jahr ist Ostern am siebzehnten April.

3

J	A	U	G	U	S	T	F	R	A	O
B	R	E	I	S	A	T	B	M	M	K
I	Z	R	F	E	B	R	U	Ä	R	T
D	E	Z	E	M	B	E	R	R	U	O
U	J	U	N	I	M	U	I	Z	R	B
M	A	I	F	E	V	D	I	U	A	E
F	N	S	E	P	T	E	M	B	E	R
E	U	D	T	B	H	Z	J	U	L	I
O	A	P	R	I	L	I	R	P	A	G
L	R	E	N	O	V	E	M	B	E	R

4 **a.** Mein Geburtstag ist am Dienstag, den fünften Juni. **b.** Die Schule beginnt am Donnerstag, den achtzehnten April. **c.** Kommst du am Mittwoch, den zweiundzwanzigsten November? **d.** Was macht ihr am Samstag, den elften März?

5 **a.** Heute ist Donnerstag, der neunundzwanzigste Oktober. **b.** Heute ist Sonntag, der zehnte Mai. **c.** Heute ist Montag, der zwanzigste März.

6 **a.** im einundzwanzigsten Jahrhundert **b.** Ludwig der Vierzehnte **c.** Johannes Paul der Zweite **d.** im fünfzehnten Jahrhundert **e.** Napoleon der Erste.

7 **a.** zum zweiten Mal **b.** zum dritten Mal **c.** zum letzten Mal.

8 Genre et pluriel des substantifs

1 **a.** chiffre **b.** suffixe -um **c.** sexe masculin **d.** suffixe -heit **e.** petit d'un être vivant **f.** moment de la journée **g.** fruit **h.** jour de la semaine.

2

der	die	das
Mann	Rose	Deutsch
Junge	Frau	Rot
Sommer	Bäckerei	Museum
Juli	Drei	Kalb
Morgen	Mutter	Essen
	Übung	Mädchen
	Wohnung	B

3 **a.** die Tage **b.** die Franzosen **c.** die Brüder **d.** die Briefe **e.** die Stühle **f.** die Tische **g.** die Vögel **h.** die Wagen **i.** die Berufe.

4 **a.** die Schwestern **b.** die Freundinnen **c.** die Hände

d. die Städte **e.** die Tanten **f.** die Blumen **g.** die Wohnungen **h.** die Sprachen **i.** die Lehrerinnen.

5 **a.** die Kinder **b.** die Mädchen **c.** die Bücher **d.** die Fenster **e.** die Bilder **f.** die Zimmer.

6 **a.** der Hut **b.** der Mantel **c.** der Rock **d.** das Kleid **e.** die Hose **f.** der Schuh **g.** der Strumpf **h.** das Hemd **i.** die Bluse.

9 Accusatif

1 **a.** den großen Schrank **b.** einen großen Tisch **c.** ein kleines Haus **d.** ein großes Sofa **e.** das große Bett **f.** einen großen Garten **g.** den großen Stuhl **h.** eine große Wohnung **i.** einen großen Teppich **j.** große Schlüssel.

2 **a.** den kleinen Stuhl **b.** eine Lampe – die neue Wohnung **c.** ein neues Telefon **d.** einen großen Garten **e.** die Reform **f.** Was **g.** die Kinder **h.** Wen – den Herrn **i.** möbliertes Zimmer.

3 **a.** sie **b.** ihn **c.** es **d.** uns **e.** dich **f.** mich.

4 **a.** einen **b.** einen – keinen **c.** eins **d.** keine **e.** eins.

5 **a.** Hast du Geld? **b.** Wir haben Durst. **c.** Ich habe Pech. **d.** Hast du die Tasche? **e.** Hat er den Schlüssel? **f.** Sie haben Glück.

10 Questions

1 **a.** Kommt ihr aus München? **b.** Liest du ein neues Buch? **c.** Sehen die Kinder einen Film?

2 **a.** Wo **b.** Was **c.** Wie **d.** Wen **e.** Wohin **f.** Wann **g.** Warum **h.** Wie **i.** Wer **j.** Woher.

3 **a.** Welche **b.** Welches **c.** Welches **d.** Welchen **e.** Welche **f.** Was für ein **g.** Was für Bücher.

4 **a.** Wie spät **b.** Wie alt **c.** Wie viel.

5 **a.** Warum **b.** Wie **c.** Wer – was.

6 **a.** ob **b.** wann **c.** woher **d.** wo **e.** wohin **f.** wie **g.** warum.

11 Réponses

1 **a.** Nein **b.** Nein **c.** Doch **d.** Ja **e.** Ja **f.** Nein.

2 **a.** Pech **b.** Dienstag **c.** März **d.** Hunger.

3 **a.** Doch, ich sehe sie. **b.** Ja, ich kenne ihn. **c.** Nein, er kennt sie nicht.

4 **a.** nicht **b.** nicht **c.** nicht **d.** nicht **e.** kein **f.** keine.

5 **1**-a **2**-a **3**-a **4**-b.

6 **a.** Ich brauche kein Geld. **b.** Ich habe keine Zeit. **c.** Ich trinke kein Bier. **d.** Ich habe keinen Durst. **e.** Ich esse kein Fleisch. **f.** Sie hat kein Salz.

12 Datif

1 **a.** einer guten Bäckerei **b.** dem großen Supermarkt **c.** dem neuen Geschäft **d.** den kleinen Geschäften.

2 **a.** dem Herrn **b.** Wem **c.** dem Deutschlehrer **d.** einem kleinen Mädchen **e.** den Kindern **f.** mit dem neuen Computer **g.** nach der Arbeit **h.** seit einem Jahr **i.** aus der Türkei **j.** den kleinen Kindern.

3 **a.** zu **b.** zur **c.** bei **d.** von **e.** zur **f.** vom.

4 **a.** dir **b.** mir **c.** uns **d.** dir **e.** euch **f.** uns.

5 **a.** Uns ist warm. **b.** Ihnen ist kalt. **c.** Ist euch warm? **d.** Ist ihr kalt? **e.** Ist Ihnen kalt? **f.** Ihm ist warm.

6 **a.** Wie geht es euch? Gut danke! Und euch? **b.** Wie geht es dir? Gut danke! Und dir?

13 Les possessifs

1 **a.** unser **b.** deine **c.** ihr **d.** euer **e.** seine **f.** mein.

2 **a.** sein **b.** ihre **c.** ihr **d.** ihr **e.** seine.

3

	Masculin	Féminin	Neutre	Pluriel
Accusatif	**deinen**	deine	**dein**	deine
Datif	**deinem**	deiner	deinem	deinen

	Masculin	Féminin	Neutre	Pluriel
Accusatif	unseren	unsere	unser	unsere
Datif	**unserem**	unserer	unserem	**unseren**

4 **b.** le père **c.** la mère **d.** la fille **e.** le fils **f.** le frère **g.** la sœur **i.** la tante **j.** die Großmutter **k.** der Großvater.

5 **a.** ihrem **b.** ihren **c.** deine **d.** euren **e.** unserem **f.** Meine **g.** eure **h.** ihren.

6 **a.** euer **b.** mein **c.** Ihre **d.** dein **e.** deine **f.** unsere.

14 Verbes de modalité

1 **a.** arbeiten **b.** machen **c.** gehen **d.** lernen **e.** kommen **f.** schreiben **g.** wohnen **h.** fahren.

2 **a.** Du sollst **b.** Er muss **c.** wir müssen **d.** sollst du.

3 **a.** wir wollen **b.** Magst du **c.** Ich möchte **d.** Möchtet ihr.

4 **a.** Können Sie **b.** Ich kann **c.** Er darf **d.** darfst du.

5 **a.** Kannst du **b.** Du musst **c.** Ihre Eltern wollen **d.** Sie darf **e.** möchtet ihr.

6 **a.** Wir können nach Berlin fahren. **b.** Ich möchte in Italien arbeiten. **c.** Wann möchtet ihr essen? **d.** Ich kann nicht kommen. **e.** Darf man hier rauchen?

7 **1**-d **2**-b **3**-c **4**-a.

15 Parfait

1 **a.** geschickt **b.** gefragt **c.** gewohnt **d.** gearbeitet **e.** gekostet **f.** studiert **g.** gehabt **h.** gekauft.

2 **a.** geschrieben **b.** gesehen **c.** geholfen **d.** gegangen **e.** geflogen **f.** geblieben.

3 **a.** Ich bin **b.** Ich bin **c.** Ich habe **d.** Ich bin **e.** Ich habe **f.** ich habe **g.** wir haben.

4 **1**-e **2**-d **3**-g **4**-a **5**-h **6**-c **7**-b **8**-f.

16 Prétérit

1

ich	du	er/sie/es	wir	ihr	sie/Sie
machte	machtest	machte	machten	machtet	machten
kam	kamst	kam	kamen	kamt	kamen

2 **a.** heiratete **b.** schicktest **c.** arbeiteten **d.** kostete **e.** zahltet **f.** studierten **g.** wohnten.

3

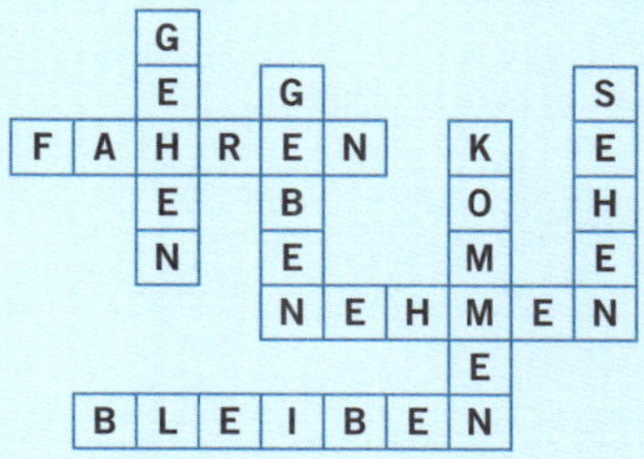

4 **a.** war – hatte **b.** habe – bin **c.** hattest **d.** hast **e.** hattet – wart – hattet **f.** habt **g.** seid – habt.

5 **a.** Wir konnten **b.** durfte man **c.** mochte ich **d.** Ihr solltet **e.** Ich wollte **f.** Ihr musstet.

6 1-b **2**-c **3**-b **4**-a **5**-d.

17 Futur I

1 **c.** acheter **e.** rouler/conduire **g.** venir **h.** travailler.

2 **a.** Ich werde ein Auto kaufen. **b.** Ihr werdet eure Tante besuchen. **c.** Er wird dich anrufen. **d.** Wir werden gut arbeiten. **e.** Du wirst nach Berlin fliegen.

3 **a.** Morgen schneit es. **b.** Im Juli fahre ich ans Meer. **c.** Ich werde kommen. **d.** Wir werden ihn treffen.

4 1-b **2**-e **3**-d **4**-c **5**-a

5 **a.** Sie will Architektin werden. **b.** Er will Ingenieur werden. **c.** Sie will Musikerin werden. **d.** Er will Informatiker werden. **e.** Sie will Journalistin werden. **f.** Er will Maler werden.

6

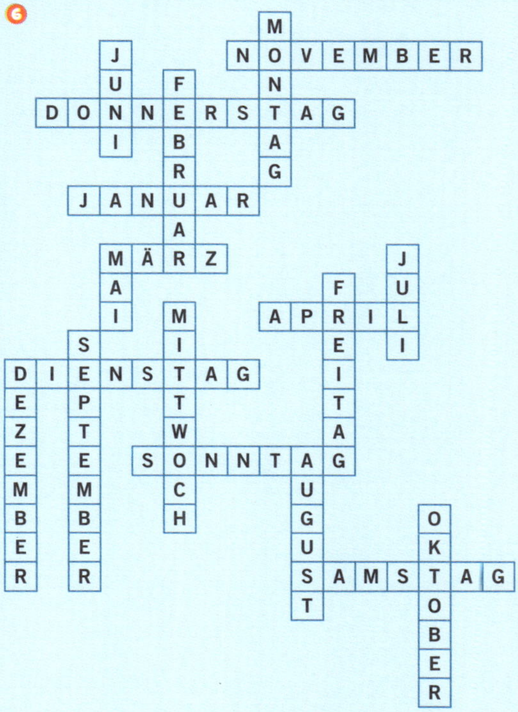

18 Syntaxe – ordre des compléments

1 **a.** kaufe **b.** schreibt **c.** leihe **d.** erklärt

2 **a.** Wir schenken dem Jungen eine Uhr. **b.** Wir schenken sie dem Jungen. **c.** Ich leihe dem Kind den Ball. **d.** Ich leihe ihn ihm. **e.** Ich leihe ihm den Ball.

3 **a.** Gib ihm das Geld! **b.** Gib es dem Mann! **c.** Gib es ihm! **d.** Erklär sie mir! **e.** Erklär ihr die Übung!

4 **a.** Ich schreibe dem Lehrer eine lange Mail. **b.** Morgen schickt er dir einen Brief. **c.** Die Mutter kauft den Kindern einen neuen Ball. **d.** Er schenkt es mir. **e.** Wir schicken deiner Mutter ein Selfy.

5 1-c **2**-a **3**-e **4**-b **5**-d

6 **a.** Wem schreibt sie eine Mail? **b.** Wer schreibt seiner Mutter eine Mail? **c.** Was schreibt sie ihrer Mutter?

7 **a.** Ich wünsche Ihnen alles Gute zum Geburtstag. **b.** Er wünscht dir viel Glück. **c.** Wir wünschen euch frohe Weihnachten. **d.** Ich wünsche euch ein frohes neues Jahr.

19 Syntaxe – principale/subordonnée

1 **a.** Heute arbeiten Paul und Sabine nicht. **b.** Hier darfst du nicht rauchen. **c.** Um 8 Uhr hat der Film angefangen. **d.** Dir sage ich nichts.

2 **a.** Meine Eltern können am Mittwoch kommen. Am Mittwoch können meine Eltern kommen. **b.** Er will morgen nach Wien fahren. Morgen will er nach Wien fahren. **c.** Wir können vielleicht kommen. Vielleicht können wir kommen.

3 **a.** Er kommt nicht, weil er keine Zeit hat. **b.** Er sagt, dass er im Juli in die USA fliegen möchte. **c.** Er kommt nicht, weil er morgen arbeiten muss. **d.** Er sagt, dass er gut geschlafen hat.

4 **a.** Wenn es Stau gibt, fahre ich mit dem Zug. **b.** Wenn ich eine Antwort habe, schreibe ich dir. **c.** Du kannst bei Petra wohnen, wenn du nach München kommst. **d.** Ich kaufe ein neues Auto, wenn ich Geld habe. **e.** Wenn meine Mutter Zeit hat, kommt sie.

5 **a.** ob **b.** ob **c.** wenn **d.** ob – wenn **e.** ob

6 **a.** Er bleibt zu Hause, denn es ist kalt. **b.** Er kommt nicht, weil es warm ist. **c.** Ich komme nicht, weil es sehr kalt ist.

20 Accusatif/datif – prépositions mixtes

1 **a.** in die **b.** ins **c.** im **d.** am **e.** in der **f.** ans.

2 **a.** Ich gehe ins Badezimmer. **b.** Dein Buch ist im Schlafzimmer. **c.** Meine Freundin schläft im Wohnzimmer. **d.** Komm in die Küche! **e.** Geh nicht ins Schlafzimmer!

3 **a.** Liegst du im Bett? **b.** Ja, ich liege im Bett. **c.** Wir liegen im Bett.

4 **a.** stellen **b.** sitzt – sitze **c.** hängen **d.** liegt **e.** gestellt **f.** liegt – gelegt.

5 1-a **2**-c **3**-b **4**-e **5**-d **6**-f.

21 Génitif

1 **a.** das Buch der Frau **b.** das Buch des kleinen Mädchens **c.** die Eltern der Kinder **d.** die Adresse eines guten Restaurants **e.** das Buch der Kinder **f.** der Stock einer alten Frau **g.** der Preis alter Häuser

2 **a.** Wessen Schlüssel ist das? **b.** Wessen Hut ist das? **c.** Wessen Hose ist das?

3 **a.** das Buch vom Mann **b.** die Eltern vom Kind **c.** das Haus von ihrer Freundin **d.** das Auto von meinen Eltern

4 **a.** wegen des schlechten Wetters **b.** während des Films / Filmes **c.** während des Kurses **d.** wegen seines Bruders

5 **a.** Sabines Mutter **b.** die Eltern von Luis **c.** die Mutter von Eva **d.** Paulas Bruder

22 Verbes pronominaux

1 **a.** Ich freue mich. **b.** Wir treffen uns gleich. **c.** Freut er sich auch. **d.** Ja, er freut sich auch. **e.** Liebt ihr euch? **f.** Ja, wir lieben uns **g.** Oh! Sie küssen sich.

2 **a.** Du wäschst dich. **b.** Die Kinder ziehen sich an. **c.** Wir putzen uns die Zähne.

3 **a.** Ich kaufe mir **b.** Kaufst du dir **c.** Er macht sich.

4

sich beeilen	sich die Zähne putzen
Beeil dich!	Putz dir die Zähne!
Beeilt euch!	Putzt euch die Zähne!
Beeilen Sie sich!	Putzen Sie sich die Zähne!

5

23 Verbes à particules

1 **a.** Ich verstehe das nicht. – Kannst du es mir erklären? **b.** Wir haben 5 zu 1 gewonnen. **c.** Habe ich Post bekommen? **d.** Wie viel hast du für das Kino bezahlt? **e.** Hast du dich für die Verspätung entschuldigt. **f.** Was empfehlen Sie mir?

2 **a.** Ich habe das Fenster zugemacht! **b.** Sabine hat uns zu ihrer Party eingeladen. **c.** Kannst du bitte die Tür aufmachen? **d.** Mach bitte das Licht an! **e.** Habt ihr alles eingekauft? **f.** Der Film hat schon angefangen.

3 **a.** Bitte wiederholen Sie Ihren Namen! **b.** Umfahren Sie die Stadt! **c.** Ich habe ihn nach 10 Jahren wiedergesehen. **d.** Wo seid ihr umgestiegen?

4 **a.** Geh doch hin! **b.** Gehst du hin? **c.** Kommen Sie her! **d.** Kommt her!

24 Verbes avec prépositions

1 **a.** Paula traümt von einem Schokoladenkuchen. **b.** Peter träumt von einer Insel im Pazifik. **c.** Die Kinder träumen von neuen Spielsachen.

2 **a.** Ich warte auf den Bus. **b.** Ich danke dir für das Geschenk. **c.** Ich denke oft an diese Tage in Paris. **d.** Ich möchte dich zu meiner Party einladen. **e.** Man gewöhnt sich schnell an den Luxus. **f.** Ich fange mit einem Bier an. **g.** Ich gratuliere dir zum Geburtstag.

3 **a.** auf **b.** über **c.** auf **d.** über **e.** über.

4 **a.** Ja, ich kann mich sehr gut an ihn erinnern. **b.** Ich warte auch auf sie. **c.** Ich warte auch darauf. **d.** Ich beginne auch damit. **e.** Ich denke auch oft an ihn. **f.** Ich muss mich auch daran gewöhnen.

5 **a.** Worauf **b.** Womit **c.** Auf wen **d.** Worüber **e.** In wen **f.** Worauf.

25 La comparaison

1 **b.** petit **c.** grand **d.** jolie **g.** sombre **h.** long **i.** difficile.

2

Comparatif d'égalité	Comparatif de supériorité	Superlatif
a. Paul ist so dick wie ich.	**Paul ist dicker als ich.**	**e.** Paul ist am dicksten.
b. Paul ist so schlank wie ich.	**c.** Paul ist schlanker als ich.	**Paul ist am schlanksten.**
Paul ist so klein wie ich.	**d.** Paul ist kleiner als ich.	**f.** Paul ist am kleinsten.

3 **a.** Ich esse so viel wie du. **b.** Sie ist größer als er. **c.** Eva ist hübscher als Sabine. **d.** Wer ist am kleinsten? **e.** Ich esse weniger als du. **f.** Ich bin am schlanksten.

4

	Comparatif de supériorité	Superlatif
die helle Hose	die hellere Hose	die hellste Hose
das schöne Auto	**das schönere Auto**	das schönste Auto
die einfachen Übungen	die einfacheren Übungen	**die einfachsten Übungen**
der junge Mann	der jüngere Mann	der jüngste Mann

5 **a.** Ja, aber ich kenne ein billigeres Hotel. **b.** Für mich bist du die schönste Frau der Welt. **c.** Ich nehme den früheren Zug. **d.** Der Nil ist der längste Fluss der Welt. **e.** Hast du keine größere Tasche? **f.** Zieh dein schönstes Kleid an.

6 **a.** mehr – am meisten. **b.** höchste. **c.** teurer **d.** am besten isst **e.** dunkleren **f.** näher.

26 Le goût et la préférence

1 **a.** lieber **b.** am liebsten **c.** lieber **d.** Am liebsten **e.** lieber **f.** gern **g.** lieber

2 **a.** Ich habe Grün gern. **b.** Ich habe Rot lieber als Blau. **c.** Was hast du am liebsten? Weiß, Braun oder Schwarz.

3 **a.** das Lieblingsbuch **b.** die Lieblingslehrerin **c.** die Lieblingssprache **d.** das Lieblingsland.

27 Conditionnel

1 **a.** Ich würde nach Berlin fahren. **b.** Wir würden ihm eine Mail schreiben. **c.** Wohin würde er gehen? **d.** Würdest du eine Mail schreiben?

2 **a.** Was würdest du machen? **b.** Ich würde nicht arbeiten. **c.** Ich würde immer bis Mittag schlafen. **d.** Ich würde ein schönes Haus kaufen. **e.** Ich würde viel reisen. **f.** Und ich würde dich heiraten.

3 **a.** Sie wollten **b.** ihr dürftet **c.** ich könnte **d.** wir müssten **e.** du möchtest **f .** er wüsste.

4 **a.** Möchtest du **b.** Könntet ihr **c.** würden Sie … fahren **d.** sollte **e.** Meine Kinder würden … gehen **f.** Es wäre **g.** Er würde … lernen.

5 **a.** Wenn wir Geld hätten, würden wir ein schönes Haus kaufen. **b.** Wenn er eine Arbeit findet, kann er in München bleiben. **c.** Wenn ich krank bin, arbeite ich nicht. **d.** Wenn du reich wärst, würde ich dich heiraten.

28 Propositions infinitives

1

Verbe	Particule séparable	Particule inséparable	Traduction
anfangen	×		commencer
anrufen	×		appeler
erklären		×	expliquer
wiederholen		×	répéter
gewinnen		×	gagner
bezahlen		×	payer
einladen	×		inviter

2 **a.** / **b.** zu **c.** / **d.** zu **e.** / **f.** zu.

3 **a.** Ich plane, eine Reise nach Japan zu machen. **b.** Ich versuche, morgen um 5 Uhr aufzustehen. **c.** Ich freue mich, alle meine Freunde einzuladen.

4 **a.** Ich habe Lust, eine große Party zu machen. **b.** Sie hat Lust, nach China zu fliegen. **c.** Er hat Lust, sich ein neues Auto zu kaufen. **d.** Er hat Lust, ins Kino zu gehen.

5 **a.** Ich brauche das Deutschbuch, um für die Prüfung zu lernen. **b.** Er fährt nach Berlin, um seine Tante zu besuchen. **c.** Wir kaufen einen neuen Ball, um Fußball zu spielen. **d.** Ich rufe dich an, um dir alles zu erzählen.

6 **a.** können **b.** gehen **c.** bleiben **d.** haben **e.** lesen **f.** anfangen **g.** helfen **h.** dürfen **i.** wollen **j.** wissen.

29 Propositions relatives

1 Du bist die Frau, die ich liebe. Und du bist der Mann, den ich liebe.

2 **a.** das **b.** die **c.** dem **d.** die **e.** denen **f.** der.

3 **a.** Das kleine Mädchen, das immer mit mir spielt, heißt Sabine. **b.** Der Kuchen, den du gekauft hast, ist gut. **c.** Das Auto, das ich kaufe, ist teuer.

4 **a.** die **b.** dem **c.** die **d.** denen.

5 **a.** Das ist das Buch, mit dem ich arbeite. **b.** Das ist das Buch, mit dem ich gearbeitet habe. **c.** Das ist die Frau, bei der wir waren.

6 **a.** die Familie **b.** die Leute **c.** Der Freund **d.** Das Buch **e.** Die Blumen **f.** einen Bäcker.

30 Introduction au passif

1 **a.** lernen **b.** sprechen **c.** baden **d.** waschen **e.** fahren **f.** erklären **g.** empfehlen **h.** einladen **i.** bezahlen.

2 **a.** Der Brief ist auf Deutsch übersetzt worden. **b.** Die Rechnungen werden alle geprüft. **c.** Das Geschäft ist renoviert worden. **d.** Die Geschäfte werden alle geschlossen.

3 **a.** Die Maus ist von der Katze gegessen worden. **b.** Der Brief wird von der Sekretärin geschrieben. **c.** Der Brief ist von Paul übersetzt worden. **d.** Der Tannenbaum ist von meinem Großvater geschmückt worden. **e.** Dieses Bild ist von Picasso gemalt worden.

4 **c.** boulangerie **d.** supermarché **e.** charcuterie **g.** cinéma.

5 **a.** Ist die Reinigung heute geöffnet? **b.** Ja, sie ist von 8 Uhr bis 17 Uhr geöffnet. **c.** Der Supermarkt ist von 8 Uhr bis 21 Uhr geöffnet. **d.** Das Kino ist im August geschlossen. **e.** Die Buchhandlung ist am Sonntag geschlossen. **f.** Die Apotheke ist am 25. Dezember geschlossen. **g.** Ja, aber sie ist am 1. Januar geöffnet.

Crédits iconographiques

Shutterstock : 6gasix : 73bd ; Alemon cz : 53b ; Aleutie : 99bd, 112m ; Alex Gorka : 24 ; AMV_80 : 90md ; andreysharonov : 57mg, 96bg ; andromina : 32h ; angkrit : 55bd ; Anthony Krikorian : 70m ; Antikwar : 10m, 104bg, 106h ; Ariadna Ada Sysoeva : 19 ; Artisticco : 32b ; AVA Bitter : 86hd, 100 ; Azaze11o : 72bg ; Beresnev : 35h ; bilha golan : 18bd ; BIT.GAMES studio : 85b ; BoBaa22 : 47b, 98h ; Bplanet : 29h, 68b, 72m, 75, 93hg ; Christos Georghiou : 113hd ; COCOart : 114 ; Creatarka : 10b, 13b, 95bg, 117 ; Crystal Eye Studio : 6b ; dashadima : 120 ; eatcute : 38hg, 58bg ; ElenaShow : 119b ; Ellagrin : 11b ; ERSP : 97hd ; Evellean : 27, 30b, 73hg ; feelplus : 115mg ; file404 : 40hd ; Filip Bjorkman : 77b ; filip robert : 47mg ; Flat Design : 72h ; forden : 9h ; Forman : 59 ; Fotinia : 35m, 35b, 83b, 90h ; Grimgram : 111mg ; Gurza : 81b ; Helen Cingisiz : 3b, 116mg ; Ho Yeow Hui : 16, 82b ; Iconic Bestiary : 18bm, 34b, 36h ; Incomible : 40bg, 40bd, 57bd, 62bg, 81m, 94mg, 105 ; illueng : 17m ; Irina Kostyuk : 41bg, 86mg ; Iveta Angelova : 67hg ; jazzia : 120m ; jesadaphorn : 7b, 8b, 15h, 18h, 20, 21, 44hg, 45d, 46, 57hd, 90, 116hd ; Johavel : 99h ; Julia Tim : 9b, 18bg, 29b, 56, 101 ; Julie A. Felton : 51, 107hd ; kmlmtz66 : 11h, 25b, 106b, 108h ; LanaN : 111b ; Lindwa : 111hd ; Lorelyn Medina : 112h ; LOVE YOU : 89m, 89b ; Iurii Angulis : 110 ; lyeyee : 91hg ; Lyudmyla Kharlamova : 67b, 85hd ; Macrovector : 5m, 5b, 6m, 7h, 12, 38d, 38bg, 39, 41hd, 42m, 42bg, 43, 50hd, 64, 48, 52, 58hg, 58md, 76bd, 93b, 96m, 115hg, 115bd, 121 ; majivecka : 88 ; mamanamsai : 47hd ; Margarita Levina : 14m, 81hg ; Marish : 65, 84, 92b ; Marza : 70hg ; Mascha Tace : 22b, 37gh, 37gm, 37gb, 79m, 82h ; Max Griboedov : 53hg ; Meilun : 5hd, 5hg, 22h, 42hg ; microvector : 55h, 68h ; Minur : 69h ; mirrra3 : 23 ; Mix3r : 13m ; Natalia Aggiato : 3hg, 3hm, 3hd ; Natalia Toropova : 79h ; Natalia Prokofyeva : 95h ; Naty_Lee : 14db ; Nikiteev_Konstantin : 37d, 71bd ; NokHoOkNoi : 83m ; notkoo : 97bg ; Olga1818 : 33b, 74mg, 74md, 74bg, 87, 113bg, 119m ; openeyed : 102b ; Orion-v : 18dm ; Paola Canzonetta : 31 ; patpat : 49b ; phloxii : 36b, 94bd ; rachisan alexandra : 34h ; Rimma Rii : 80 ; Robert Biedermann : 63 ; Romashechka : 83hd ; schab : 76hg, 76hd ; Sentavio : 28b, 45hg ; Sergei Mokhov : 54 ; sabgat : 44md, 44bg ; sir.Enity : 14h, 18gm, 98bd ; SlyBrowney : 103hg, 104d, 108bg ; Smart Design : 50m, 86b ; stefanolunardi : 101 ; Stoker-13 : 10dh, 10gh, 77h ; Tarchyshnik Andrei : 71hg ; theromb : 102g ; Tomasz Makowski : 14gb ; Tomnamon : 107b ; tsirik : 4h ; vanillamilk : 33h ; vasabii : 25h, 86h ; VAZZEN : 103bd ; Vector Bakery : 30m ; Vector pro : 74hg ; venimo : 92h ; Victor Metelskiy : 28h ; VIGE.CO : 49m, 91b, 118 ; vladmark : 73m ; warawiri : 89h ; whanwhan.ai : 69m, 69b ; wibowo : 5mg, 5md ; wongstock : 26 ; yoshi-5 : 66 ; Zygotehaasnobrain : 17b, 50bd. DR : 4b, 8m, 13h, 15b, 18m, 23bd, 60, 61, 62m, 66, 67m, 78, 94hd.

Couverture : MediaSarbacane

Bravo, vous êtes venu à bout de ce cahier ! Il est temps à présent de faire le point sur vos compétences et de comptabiliser les icônes afin de procéder à l'évaluation finale. Reportez le sous-total de chaque chapitre dans les cases ci-dessous puis additionnez-les afin d'obtenir le nombre final d'icônes dans chaque couleur. Puis découvrez vos résultats !

Chapitre	Page			
Prononciation et particularités	3			
1. Présent de l'indicatif	5			
2. Pronoms personnels	8			
3. Où ? D'où ? – Noms géographiques	12			
4. Impératif	16			
5. Nominatif	20			
6. Nombres cardinaux	24			
7. Nombres ordinaux	28			
8. Genre et pluriel des substantifs	32			
9. Accusatif	36			
10. Questions	40			
11. Réponses	44			
12. Datif	48			
13. Les possessifs	52			
14. Verbes de modalité	56			
15. Parfait	60			
16. Prétérit	64			
17. Futur I	68			
18. Syntaxe – ordre des compléments	72			
19. Syntaxe – principale/subordonnée	76			
20. Accusatif/datif – prépositions mixtes	80			
21. Génitif	84			
22. Verbes pronominaux	88			
23. Verbes à particules	92			
24. Verbes avec prépositions	96			
25. La comparaison	100			
26. Le goût et la préférence	104			
27. Conditionnel	106			
28. Propositions infinitives	110			
29. Propositions relatives	114			
30. Introduction au passif	118			
Total, tous chapitres confondus				

Vous avez obtenu une majorité de...

Bravo ! Vous maîtrisez maintenant les bases de l'allemand, vous êtes fin prêt pour passer au niveau 2 !

Ce n'est pas si mal ! Mais vous pouvez encore progresser... Refaites les exercices qui vous ont donné du fil à retordre en jetant un coup d'œil aux leçons !

Persévérez ! Reprenez l'ensemble de l'ouvrage en relisant bien les leçons avant de refaire les exercices.

Conception graphique : MediaSarbacane
Mise en pages : Aurélia Monnier pour Céladon éditions
Réalisation : Céladon éditions, www.celadoneditions.com

Dépôt légal : janvier 2016
N° d'édition : 4042 - mars 2021
ISBN : 978-2-7005-0701-0
www.assimil.com
Imprimé en Roumanie par Tipografia Real